GONGXING YU SHOUWANG
BIANJI SANLUN

躬行与守望

编辑散论

张文鸯 著

宁波出版社
NINGBO PUBLISHING HOUSE

图书在版编目（CIP）数据

躬行与守望：编辑散论 / 张文莺著 . — 宁波：宁波出版社，2021.12

ISBN 978-7-5526-4427-2

Ⅰ . ①躬 … Ⅱ . ①张 … Ⅲ . ①编辑工作—文集②出版工作—文集 Ⅳ . ① G23-53

中国版本图书馆 CIP 数据核字（2021）第 225523 号

躬行与守望：编辑散论

GONGXING YU SHOUWANG BIANJI SANLUN

著　　者	张文莺
责任编辑	杨青青
责任校对	李本君　陈　钰
装帧设计	金字斋
出版发行	宁波出版社
地址邮编	宁波市甬江大道 1 号宁波书城 8 号楼 6 楼　315040
印　　刷	宁波白云印刷有限公司
开　　本	787mm×1092mm　1/16
印　　张	10.5
字　　数	160 千
版　　次	2021 年 12 月第 1 版
印　　次	2021 年 12 月第 1 次印刷
标准书号	ISBN 978-7-5526-4427-2
定　　价	38.00 元

如发现缺页或倒装，影响阅读，请与印刷厂联系，电话：0574-83875165
（版权所有　翻印必究）

序

教师节前夕，收到浙江大学学报编辑部徐枫主编的微信消息，说宁波教育学院学报编辑部的张文鸯主编有一部新书即将出版，想约我写一篇序。我没有踌躇，欣然受命。

徐枫主编是全国高校学报界的杰出人物，也是我在学报界多年的好朋友。对于学报发展相关的事情，我们的观点总是一致，不过，经常是她有高见在先，而我则需经过一段时间的思考，才能领会和赞同，所以，在我心目中，她认可的，我都会认可。她帮助张文鸯主编约请写序，我自然义不容辞。

当然，我之所以欣然接受这项任务，还因为我对张文鸯主编有着良好的印象。张老师对文字工作有着特殊的感情，她曾担任原单位中层职务，可是为了从事喜爱的工作，她竟然主动辞职，来学报当编辑。作出这样的选择，在我看来是很不容易的，我非常感动和敬佩。在我的职业生涯里，也曾有过两次机会选择了编辑工作岗位，第一次是自己的选择；第二次则是别人替我作出的选择，虽然这第二阶段的编辑工作我也干了22年，但是，时不时的，心里总会冒出离开的念头。相比张老师，我还真有点惭愧哩。

我认识张老师至少有七八年了，时间虽然不算太长，但印象却越来越深。2013年，全国高等学校文科学报研究会开展第七届编辑学研究基金资助课题申报工作，张老师申报的课题"高校学报编辑权力与作者权利关系的异化及重构"获得批准。审核材料时，我发现她的名字很有特点，所以就有了印象。后来,她顺利完成了研究任务并结项,这项成果就成为本书第二部分"编辑客体探索"中的重要一篇。再后来,她又成功申报了"性别刻板印象中的学术期刊女性编辑形象及其重塑"课题,同样顺利完成,自然地,成为本书第一部分"编辑主体素养"中的一篇。

2014年,全国高等学校文科学报研究会举行"第五届全国高校社科期刊评优"活动,张老师被评为全国高校社科期刊优秀编辑。2015年1月,研究会在哈尔滨举行"首届中国高校社科期刊青年编辑业务技能大赛"复(决)赛,参加者是通过初赛选拔出来的,都是全国高校社科期刊青年编辑中的精英(还有几家非高校社科期刊的编辑闻风而动,也参加了比赛),张老师获得三等奖。那次比赛,获奖人数有限,档次较高,多家媒体跟踪报道,获奖者名单也登在了《光明日报》上,影响广泛,受到教育部领导的表扬。

随着交往的增多,我对张老师的了解也越来越多。我知道她是积极进取的人,她把编辑工作当作职业生涯为之奋斗的事业,把编辑岗位当作坚守和维护的阵地和家园。本书的书名中有"守望"两个字,就表明了她的这个态度。什么是守望?坚守与瞭望之谓也。所谓坚守,既表明编辑岗位作为阵地在客观上的重要性,又表明守卫者在主观上必须具备坚强的意志和坚定的决心。而瞭望呢,既有防备侵害之义,又有希望甚至渴望的意向。这说明,编辑行业,是需要守望的。这个态度与我们所处的实际情况是符合的,相信编辑行业的从业人员都会有共鸣。

书名中还有"躬行"两个字,就是躬身实践,就是亲身去做,就是身体力行。编辑行业尤其需要有躬行的精神,甚至可以说,编辑就是躬行的职业、实践的职业。躬行离不开身,身,有时用作第一人称,就是我,是主体性的一种表达。要想了解编辑工作,首先就要对编辑的主体性有所了解。既然是主体,则必然要有客体,两者相对而言,相须而行,缺一不可。本书从标题到内容,恰好是按照这个内在结构来设计的,可谓顺理成章。

本书所谈的都是编辑学的前沿问题,是表现了时代精神的重要课题。例如,《政务微博、草根微博与传统媒体新闻传播融合研究——基于宁波的实践与思考》,涉及新闻传播中新旧媒体融合发展的问题,是符合时代进步的前沿课题。这项研究以宁波的实践作为考察对象,踏踏实实,符合学术研究的基本规范。再比如,《"她阅读"时代女性期刊社会性别意识的阙如及构建》《新媒体语境下女性媒介话语权的缺失、异化及建构》直指女性期刊社会性别意识和女性媒介话语权,敢于触碰敏感话题,揭露缺点,提出建设性建议,具有一定的前瞻性。

　　本书所选的文章在写作方法上也有很多优点,我感受最深的有两点,一是问题导向;二是张力饱满。例如,《数字化背景下中小出版社转型认识误区及解决路径》,这篇文章谈的是与数字化有关的问题,不过,不是为了谈数字化而谈数字化,而是要探寻对于数字化背景下中小出版社转型认识上的问题及破解之道,在具体性和针对性上下了功夫,走对了研究的路数,所以就有了创新意义;而且文章充满了挑战和应战的内在张力,必然会增强论证的力度和效果。《高校学报编辑权力与作者权利关系的异化及重构》同样是以问题为导向,把问题概括为"编辑权力和作者权利的异化",抓住了实质,精准而深刻;同时,以"重构"作为解决问题的途径和方法,以"问题VS解决问题"的张力为基本结构,再次显示了文章的有效性和吸引力。前文提到的《"她阅读"时代女性期刊社会性别意识的阙如及构建》《新媒体语境下女性媒介话语权的缺失、异化及建构》都是具有饱满张力的好文章。能这样写文章,说明作者在躬行和守望的长期磨砺中对学术研究和思想方法已经形成自觉的意识,这是难能可贵的。

　　书中涉及了许多重要的学术理论问题,作者关于这些问题的许多观点我都是赞同的。例如,《"浅阅读"时代编辑的坚守与应对》中提出:"真正的阅读是一个很复杂的对作品的再创作过程""'深阅读'同时也是一种思维训练的过程"。这样的认识是有深度的,给我很大的启发。我认为"浅阅读"当然也有它存在的合理性,提供消遣、娱乐大众、打发时光、辅助休息,是实际生活中必不可少的。但是,一个社会,一个拥有十几亿人口、五千年文明的人类共同体,如果它的知识阶层也要靠着浅阅读生活,那是很危险的。如此看来,深阅读必不可少。何谓"深阅读"?所谓深阅读,就是深入地阅读理解有深刻思想性的、有深层意义的经久耐读的好作品的活动。为什么要有深阅读呢?这是与我们的生存,与我们所从事的伟大事业密不可分的。我们是中华民族的儿女,我们的生存仰赖中华文明的孳乳。中华文明有五千年延续不断的辉煌历史。她之所以能有今天的成就,就是因为一代又一代的先贤不畏艰险,前仆后继,立德、立功、立言,创造了辉煌灿烂的文明成果。今天,中华民族伟大复兴的重任历史地落到了我们这一代人的肩上。想一想,在当今世界文明竞争的严峻形势下,中华文明要想继承并延续历史的荣光,对人类作出较大贡献,她的知识阶层没有对本民族文化深层精神的深刻体悟,没有对域外优秀文明成果的深入理解,怎么能够完成这个光荣伟大的历史使命呢?而要具备这种体悟和理解的能力,没有深度阅读,没有对经典作品的再创造,是绝对不可能的。在这篇文章中,作者提出"'守门人'就是编辑人员应扮演的角色"的观点。编辑是保证深度阅读的"守门人",在文化进步和文明发展的事业中肩负着引领学界和大众的神圣职责,不懂得深度阅读的意义,不具备深度阅读的能力,就无法承担这项重任。中华文明的生存和延续,中华民族的伟大复兴,任重道远,作为学术期刊编辑,我们与有责焉。

  我相信,中国的学术文化事业的进步,绝不是少数几个所谓精英人物的特权,它要靠全国各地各级各类教育学术机构和从业者的整体进步才能实现。在这个过程中,学术期刊,特别是高校社科学术期刊负有神圣的使命,广大编辑朋友责无旁贷。在担任全国高等学校文科学报研究会负责人的那些年里,我一直主张研究会要不断地加大力度,做好编辑业务培训和学术交流活动,因为这是提高编辑业务能力,提高编辑学术水平的一项十分重要的工作。在我的心目中,学术期刊编辑一定要成为有思想、通理论、懂业务、能做事的复合型学术人才,有了这样的一流编辑,才会办出一流的学术期刊。张文鸯老师能在自己的工作中秉持躬行与守望的精神,自觉地砥砺学术,陶冶情操,不断提高对作品再创造的能力,勇于担当学术期刊促进深度阅读的守门人的角色,值得我们学习和仿效。

作为高校学术期刊编辑,张老师能有这样的思考习惯和学术兴趣,首先是她个人的天赋和努力使然,此外,自然也要拜时代之所赐。我作为一个历史学专业的老师,总喜欢想一想她生活所在地的历史文化环境可能带给她的影响。

历史上浙江人才辈出,数不胜数。春秋时期有计然、文种、范蠡在越国成功、成名,他们施展才智,为成就全国性的霸业立下不朽功勋。东汉大思想家王充是上虞人,他的带有唯物主义色彩的理性思想是那样的犀利,对当时流行的虚妄和神秘倾向进行了深刻的揭露和批判,标志着中华民族实践理性精神的高峰。后来的陆游、吕祖谦、陈亮、叶适、王阳明、徐渭,都是浙江的奇才,他们的成就辉耀古今、彪炳史册,堪称文化的巨擘。清代有以黄宗羲、万斯大、万斯同、邵廷采、全祖望、章学诚、邵晋涵等为代表的浙东学派(狭义的),享誉至今。晚清及近代有俞樾、孙诒让、章太炎、鲁迅等等数不清的学术文化名人。作为一位人文学者,生活在这样的历史文化传统中,怎能不受到潜移默化的影响!

我在浙江有许多好朋友,在北京也有许多来自浙江的好朋友。仔细想来,他们好像有着共同的品质,埋头苦干、百折不挠、积极乐观、热情周详、忠诚执着、重守然诺……张文鸯主编就是其中的一位。这部著作,记录了她的艰苦探索和真诚思考,是有理想、有担当的学术期刊编辑在职业生涯中实现躬行和守望的证明。

第八届全国高等学校文科学报研究会理事长
《北京师范大学学报(社会科学版)》编委会副主任

蒋重跃

2021 年 9 月

目录

序 …………………………………………………… 001

◇ **编辑主体素养**

"浅阅读"时代编辑的坚守与应对 ………………… 003
新"把关人":数字时代编辑的角色调适 ………… 010
性别刻板印象中的学术期刊女性编辑形象及其重塑 ……… 017
学术期刊编辑理想人格刍议 ……………………… 025
学报编辑的三种"冷漠"及其消解 ……………… 030
浅阅读时代大众阅读与编辑调适 ………………… 035

◇ **编辑客体探索**

影响期刊编辑风格形成的主客体因素分析 ……… 047
关于高校学报与学术道德建设的几点思考 ……… 053
高校学报编辑权力与作者权利关系的异化及重构 ……… 060
后改制时代中小规模高校出版社发展路径选择 ……… 068
"她阅读"时代女性期刊社会性别意识的阙如及构建 ……… 076

◇ **媒体融合与数字出版**

媒体融合背景下高校出版社的发展路径 …………… 087
新媒体语境下女性媒介话语权的缺失、异化及建构 …… 094
政务微博、草根微博与传统媒体新闻传播融合研究
　　——基于宁波的实践与思考 …………… 101
数字化背景下中小出版社转型认识误区及解决路径 …… 111

◇ **编辑史话**

张寿镛编辑实践与编辑思想初探——以《四明丛书》为中心的考察
……………………………………………………………… 123
民国宁波籍编辑家群体的文化贡献与文化精神 …………… 128
一张成熟的"新闻纸":民国《时事公报》及其传播指向 …… 139
民国浙籍编辑家群体的编辑贡献与文化精神 …………… 146

编辑主体素养

"浅阅读"时代编辑的坚守与应对

一、引言

当前我国正处于社会转型期,社会经济迅速发展,人们的行为方式、生活方式、价值体系也在发生明显的变化。在这个急剧变化的时代,人们面临着前所未有的压力,都希望能掌握和处理瞬息万变的海量信息,浮躁之心渐渐弥漫,渴望速成,渴望快节奏。就文化吸纳的入口——阅读而言,从形式到内容更是发生了天翻地覆的变化,尤其是以网络为代表的新媒体的涌现,完全颠覆了传统的香茗青灯下的经典阅读。毋庸置疑,"浅阅读"时代已经到来。这个时代的编辑,面对着一个严肃的文化命题,那就是如何在"浅阅读"大行其道的背景下,坚守文化传播者的责任,应对阅读新趋势。

二、"浅阅读"和"深阅读"

"即时在线浏览正在取代传统青灯黄卷式的经典阅读,以快餐式、跳跃性、碎片化为特征的'浅阅读'正成为阅读新趋势",新闻出版总署署长柳斌杰的这个判断并非危言耸听。在这个互联网有取代一切工具尤其是传媒的可能的时代,从"深阅读"到浅浏览,互联网在改变阅读方式的同时,正在塑造我们"浅薄"的思维模式。如果要给"浅阅读"下个定义,大致可以这样表述:"浅阅读",

是一种浅层次的、以简单轻松甚至娱乐性为目的的阅读形式，一味浅尝辄止，不在精神和思想领域做更多的探究。不可否认，在这个信息海量膨胀的年代，"浅阅读"在一定程度上能够帮助人们快速获取信息，扩大知识面，同时也可以消遣生活，获得情绪上短暂的愉悦。但是，诚如柳斌杰署长所言，"浅阅读"终究因其是浅表性、视觉性、娱乐性、随意性的阅读，只能定格在简单的消闲方式层次上，或作为获取某种利益的途径，安上了功利主义的翅膀，很大程度上丧失了阅读原本意义上为提升文化修养、完善人格陶养等精神层面的功能和意义。

与"浅阅读"相对应的"深阅读"，指的是以提升学识修养和理论思维、形成技能为目的的深层次阅读方法。这种阅读状态建立在对阅读对象心怀敬畏的基础之上，细细品读，把读书当作一种生活方式、工作责任、人生态度和精神追求。[1] 它的意义在于超越世俗功利的纷繁干扰，建立起一座精神桥梁，实现人与书籍之间的心灵对话。"深阅读"不同于色彩斑斓、五彩缤纷的"浅阅读"，后者甚是吸引人，而当我们面对鸿篇巨制时，甚至可能会产生抵触情绪。因为真正的阅读是一个很复杂的对作品的再创作过程，那些具有很高的艺术和理论价值及知名度的作品，包含永恒的主题和丰盈的形象，历经考验而经久不衰。这些作品带来人生启迪和心灵慰藉，它们所建构的世界是多彩、立体和复杂的。而"浅阅读"读物对世界的认识只是停留在表面，因而是肤浅的，只能是平面、单一和粗线条的。阅读者个人的生活阅历和知识背景往往会主导对阅读对象的理解和诠释，再通过想象、联想等手段，从而完成再创作。

"深阅读"同时也是一种思维训练的过程。尝试新事物或更高强度的训练都是对头脑的刺激，相比之下，让头脑接受更高强度的训练更为重要。打个比方，假如一个人想学习经济学，如果只看很多的趣味经济学读物，那肯定无济于事。扎扎实实地把一本经济学教科书读通，比什么都重要。读一堆趣味经济学读物虽然能带来新的刺激，但是头脑不能受到更高强度的训练，换句话说，阅读时脑筋费得不多，收获也就大打折扣。"深阅读"的过程，其实是让读者深刻体验"无限风光在险峰"的艰难和乐趣的历程，因而"浅阅读"不能算是一种自觉的阅读，甚至不能算作是一种有效的阅读。

三、"浅阅读"时代编辑的"深阅读"

"现在，个人必须做出更多的选择，必须具备更多的知识储备，必须做出更多的努力以便对传播进行归纳整合，并且使传播变得更有意义。互动性与选择性并非一种普遍性的优点，许多人并不具备精力、欲望、需要或者必要的训练以投入这样的过程"。[2]面对爆炸的海量信息，编辑就担当着对这些信息进行归纳整合的角色。早在20世纪40年代，美国社会心理学家库尔特·卢因就提出了"把关人"的概念，之后他又在《群体生活中的渠道》一书中指出：群体传播中存在一些把关人，一条新闻在传播中需要通过传播者的若干"检查点"的"通行许可证"，这些掌握发放"通行许可证"的人或组织就被称作"守门人"，只有符合群体规范或把关人价值标准的信息内容才能进入传播渠道。

这个"守门人"就是编辑人员应扮演的角色。编辑人员若想真正传播那些思想深度、美誉度俱佳的文化精品，无疑责任很大。"浅阅读"盛行之时，如果编辑人员也随大流，一味迎合读者浅表化的阅读需求，疏于主动阅读、文化研究以及更深层次的文化思考，遗忘自己作为"守门人"的职业角色，或者编辑自身对阅读抛却敬畏之心，也投入到仅仅只是为了撷取信息的行列中，长期依赖这种浅层次的阅读方式，那么带来的结果只能是，编辑局限于集合自身思想的素材和原料，疏离于深度阅读意义上的反思，造成社会责任意识和文化创新意识淡化，也就不可能引领大众走向更深入的思考和精神的成熟，更别说汇聚思想。编辑坚守"深阅读"的方式，不仅是自身素养提升的源泉，更是作为编辑，为确保那些通过浏览获得的信息碎片能够整合成思想的手段。编辑若是丢失了"深阅读"，便丢失了他们作为人类文化的保存记录者和整理创造者的根基和土壤，也无法应对数字时代的文化挑战。

编辑人员针对同一信息可以做出不同形式、不同侧重点的内容，这就是内容创造。出版者如果把核心放到相关信息的创造上，那么网络和其他媒介就不是出版物的替代品，而是信息传播价值链的下游。一个出版者如果没有专业创造的内容，是没有竞争力的。出版最本质的含义是重视保存和开拓人类思想和文化中最具根本性的文化精粹以及最有创新前瞻性的先进文化，同时，出版又呼唤和引导着主体阅读，承担出版任务的编辑人员把优秀的作品提供给读者，使读者在严肃的阅读过程中提高道德素质、精神情操和文化素养。

有人说，阅读决定着一个民族思维的深度和高度。在"浅阅读"背景下，编辑人员不能将自己混同于一般的文化受众，而应自觉承担起历史文化传承和现代文化创新的社会责任，仅有对信息的广泛涉猎是远远不够的，主动进行深度阅读和思考是编辑必须具备的品质和素养。基于"深阅读"的理性甄选与价值评判，是编辑、作者和读者之间良性互动的文化保证，[3]编辑的评判性思维的发挥则完全离不开平素深度阅读积淀的气度和底蕴。"编辑塑造着出版物的品格，出版物塑造着民族的性格"，[4]编辑的知识结构、价值取向、审美情趣等因素影响着文化产品的选择，从而影响整个社会的出版文化。从这个意义上说，编辑坚持深度阅读，不仅倡导"深阅读"风气，而且还引领民族精神文化的发展走向。

四、"浅阅读"时代编辑的"深出版"

这里首先需要提到两个概念：出版和传媒，两者虽隶属同一个管理机构，但性质却有很大区别。传媒只是满足业余性、当下性，追求情绪上的宣泄和释放，注重娱乐、快速地接触信息。出版更具专业性，凝结着人类的思想和智慧，集聚了科学技术的发明创造和社会实践活动的经验与成果。它们本是泾渭分明的两个概念，如今彼此之间的"楚河汉界"越来越模糊乃至龟裂，几近不分彼此。但切莫将越俎代庖、碎片化、娱乐化当作转型和蜕变，更不能当作革命。削足适履、东施效颦的笑话,不应出现在为文化积累和传播服务的出版事业中。

随着数字化时代的到来,传媒行业发展迅速,日渐强势。然而,真正意义上的阅读应该是个人的一种精神文化生活,是读那些富有内涵的文字,是进入到这些文字所承载的文化传统中进行思考的行为。故而,就阅读而言,出版业是关键。中国人民大学出版社社长贺耀敏曾说,如果说"浅阅读"的书都是在休闲的时候躺在床上看的,那人大社的书就应该在上午看,而且是正襟危坐着看。[5]那些能够长久地滋润和慰藉人们心灵的只能是历经岁月淘洗的经典,只因它们保留了人类对外部世界和内在精神最艰苦的开拓挖掘,只因它们最能证明人类精神高度所能到达的彼岸。出版对于阅读负有很大的责任,它是"深阅读"赖以存在和延续的基础,可以这么说,一个时代的阅读和水准取决于这个时代的出版质量。坚持"浅阅读"时代的深度出版,是编辑出版人当前需要秉持的一种品质意识。

出版必须坚守出版物的质量内涵,坚守自身的文化品格。例如时下一些出版社热衷于养生、化妆、理财等实用通俗类图书的出版,这些图书固然有其存在的合理性,也在某种程度上满足大众的兴趣和需要,但是一哄而上的局面就是一种"浅出版"意识的泛滥,其结果是倡导了"浅阅读"。这里需要指出的是,"浅阅读"并非一无是处,"浅阅读"和"深阅读"也不是相生相克的两种阅读方式。但是,迎合"浅阅读"甚至倡导"浅阅读"和合理引导"浅阅读",结果是迥异的。编辑人员要认真研究与读者心理对接的问题,要研究如何在保证出版内涵的前提下,搭乘新媒介,占领新市场。"深出版"并不意味着固守传统出版模式,而是寻求改革创新。

在数字时代成长起来的年青一代心目中,视听饕餮享受的快乐要大于阅读。意识到这一点,编辑人员就要在做深、做精出版物内容,提升出版物文化内涵的同时,顺应新媒体发展和新读者群偏爱,把这些精品放在不同的新的传播介质上,将传统的书香氛围转移到数字出版上,通过拓展深度阅读的想象空间,实现出版新的模式。多在媒介载体和读者心理上下功夫,以出版物为引子,引导阅读主体由浅入深、由粗到精展开阅读。除了市场定位,编辑出版策划过程也非常重要。尤其出版内容的提炼要突出亮点,要善于设计出能吸引眼球的灵魂语言。

事实上,几乎任何一项新技术都会对社会人文产生特定影响。科学技术进步与社会人文发展之间具有密切的关联性,互联网和数字技术自然也不例外。对"浅阅读"现象的反思也拓展到对"数字化阅读"技术的重新认知,越来越多的人意识到,"数字化阅读"技术作为一种新技术,其本质仍是辅助人的,人们应该主动使它与社会人文构建形成良性互动。目前,我国电子读物的阅读率已经超过传统图书,在线阅读、手机阅读等"数字化阅读"始终在迅猛增长。可以说,"数字化阅读"是不可阻挡的社会趋势。作为科学技术发展上的重大进步,"数字化阅读"不应该意味着对人文空间的挤压和消解,编辑人员更需要的是不断反思和提醒自己,要避免"数字化阅读"使我们养成阅读的功利化心态,莫让"数字化阅读"成为"浅阅读"。

五、结语

尼尔·波兹曼在他的著作《娱乐至死》中指出:"这是一个娱乐之城(指美国),在这里,一切公众话语都日渐以娱乐的方式出现,并成为一种文化精神。我们的政治、宗教、新闻、体育、教育和商业都心甘情愿地成为娱乐的附庸,毫无怨言,甚至无声无息,其结果是我们成了一个娱乐至死的物种"。波兹曼是以美国的媒介环境为研究样本的,他并不知道大洋彼岸的遥远国度在若干年后,正上演着他的预言。

"浅阅读"归根结底是文化工业化的一种必然,任其蔓延的结果是文化泡沫取代真正的精华。编辑活动与文化传播血脉相通,编辑人员自然要有高远的文化视野和追求,对文化进行净化和优化。"我们没有显赫的地位,却有穿越时空的翰墨芬芳；我们没有殷实的财富，却有寄托心灵的文化殿堂。"[6]在这个崇尚浮光掠影式阅读的时代，编辑的主体价值和历史责任更应融为一体，坚守精神家园，引领书香社会。

参考文献

[1] 张亚军."深阅读"与"浅阅读"[J].贵图学刊,2010（3）：40-41.

[2] 丹尼斯·麦奎尔.麦奎尔大众传播理论[M].崔宝国,李琨,译.北京：清华大学出版社,2006：101.

[3] 张春.数字时代面向深度阅读的编辑素养探析[J].中国出版,2011（2）：32-34.

[4] 张西山.学刊的生命与编辑的使命[M]//张西山.编辑的文化视界.北京：人民出版社,2007：59.

[5] 靳晓燕."浅阅读"时代的"深出版"——高教出版社打造图书学术品质[N].光明日报,2008-05-16.

[6] 刘果.我们是中国编辑[M].北京：海豚出版社,2011：118.

（成稿于2012年3月）

新"把关人":数字时代编辑的角色调适

一、引言

数字出版自诞生起,仅用十几年时间,就已对传统出版行业产生了巨大的冲击。"数字"不仅改变了信息的载体,也深刻地影响着信息的表达方式、阅读方式和传播方式等,它打破了原本横亘在纸媒、电视、电影、互联网之间的鸿沟,使得各方趋向融合与统一。伴随着"数字帝国"版图的不断扩张,移动信息、互联网服务、游戏动漫、娱乐影音、教育、出版等诸多行业已经被囊括其中。

从宏观的角度看,媒体发展的历史,既是传播的历史,也是技术变革的历史。精神产品(信息)是永恒不灭的,其载体也已历经了三个时代——竹帛金石、纸张、数字化时代;信息的复制方式也经历了手抄、雕版印刷、活字印刷、印刷机……直至数字化复制。数字出版的革命在于:它同时改变了信息载体、复制方式两个层面。随着科技的高速发展,计算机、手机、平板电脑等阅读终端开始大规模普及,数字阅读日益大众化;数字化阅读在催生新产业链的同时,也给阅读带来新挑战——"碎片化""高科技化""信息过载"等都是数字化阅读遇到的最明显的问题。

编辑是指"用物质文明设施和手段,组织、采录、收集、整理、纂修等审定各式精神产品,使之传播展示于社会公众的工作和从事这项工作的人员"。本文所说编辑是指"从事这项工作的人员"。编辑在对精神产品进行制作、传播、展示的过程中,享有至高的荣誉,编辑是出版的灵魂。在这个传媒巨变的时代里,曾经属于纸张的时代仿佛已成过去,而编辑群体似乎也已失去过往的荣光。对于数字时代的阅读,以下两种观点比较有代表性:一是阅读方式越来越碎片化,编辑的作用大大降低,它将让步于信息的发布者;二是未来的出版可能不需要编辑,其职能将由IT人员取代。那么,数字时代,编辑真的可以消失了吗?

二、数字化时代更需要好编辑

"面对数字出版大潮的袭来,真正能冲倒传统出版人的既不是技术派、资本派,也不是渠道派,而只能是出版人自己,如果你放弃了内容、放弃了选择,那就是放弃了出版,无论是传统还是数字。而做内容、讲选择,难道不需要一份安静与坚守吗?"[1]我们有足够的理由认为,编辑不会消失,只会变得更加专业,这个职业同样需要与时俱进。

(一)阅读的碎片化更需要专业编辑

数字化阅读的三个主要特征体现为:一是阅读时间的碎片化,读者利用的是零散时间;二是阅读行为的碎片化,它不同于传统深度、系统性的阅读;三是阅读的内容以轻松、娱乐、消遣为主。大量的碎片化时间通过各种阅读终端最大限度地被利用,尤其是通过移动阅读终端获取信息,地铁上、公交车上、床上、饭桌上,甚至洗手间都可能成为阅读的场所。数字化阅读俨然成为人们生活中不可缺少的部分。

传统媒体曾经的统治地位是由传统出版物生产流水线高度成熟带来的。出版社曾经作为精神产品的主要提供者,是一个完整运行的主体,它在整合政治、经济、文化、人脉等各种社会资源方面具有极大优势,因此传统媒体在编辑、加工、发行、销售等专业化流程中具有个体无法比拟的优势。时过境迁,伴随着以互联网技术为代表的高科技迅猛发展,自媒体逐渐兴起,它号召每个人成为记者、编辑、发言人,自媒体打破了原有那种独占渠道、一元化结构、由上至下的单一传播局面,于是"碎片"产生,媒体被解构。从表面上看,"数字化阅读"产生的碎片似乎是非线性、非系统、非逻辑的传播结构。这种特征最为明显的是微博,它每次只呈现百字左右的信息量,而且第一次呈现与下一次呈现之间的逻辑关系也并不严谨;但微博呈现信息不仅仅只依靠一条或者某几条文字,它依靠的是迅速的传播方式、宽广的覆盖面、海量的参与人群,微博构建的信息网络由点到面,由偏到全。最终,当旁观者以全面的目光审视某个信息时,会发现信息链仍然是连贯的,信息内容是全面的,信息仍然是完整状态。

即使是碎片化的阅读依然存在着一定规律,读者会在某几个特定的时间段产生大量的阅读需求。笔者坚信:编辑的职业行为,就是把复杂留给了自己,将简单和便利交给了读者。与其由读者在海量信息中筛选可读信息,不如由编辑推荐那些经过加工、整理、归纳的优质信息。好的编辑就应该让读者越来越"舒适",而不再通过漫无目的地浏览,去寻找自己感兴趣的内容。碎片化对于传统编辑来说,可能是个巨大的挑战。在数字化时代,编辑只有转变思路,才能真正学会从阅读者的角度思考问题,让阅读者在有限的时间里产生最高的阅读效率,满足他们个性化的阅读要求。从这个意义上说,编辑不是消失了,而是对其要求更高了。

(二)高科技人才不能取代编辑

有出版界的专家指出:"数字时代的编辑需要有高超的数字技术能力、综合的信息处理能力、全媒体的综合技能。"首先,笔者并不否认这些能力在数字时代对于编辑的重要性,但追根溯源,任何技术总是在不断推陈出新的,一种阅读产品无论是表达内容,还是营销策划,其内在本质变化总是细微的,也是有章可循的。数字时代的出版产品,其内涵依然要回归于编辑的基本职能。"事实上,科技只是信息的工具与载体,信息只有经过人工的、专业化的选题、筛选、整理的系统化编辑后才可以成为'知识',才可以用起来。信息应用正在取代信息获取成为互联网核心！只有'真正有用'才会'真正持久'。"[2]

那些迷信高科技的媒体人认为，凭借技术实力，通过对大数据的挖掘，完全可以向用户推荐最为精准的信息。其实，信息传播效果仍然有高低优劣之分。比如《南方周末》和一个地方小报，同时报道同一事件，但是对于读者来说，哪家媒体提供的信息更有价值、更准确、更具权威？相信任何人都会有一个判断。完全通过计算机进行信息推荐与排序，在笔者看来这是一种无态度、无思想内涵的编辑行为。这种行为会给读者带来很大的困扰，因为每个读者关注的领域各不相同，也都有着各自不同的知识结构与价值判断标准，这种行为本身就是抹平读者的个性化差异。每个读者的阅读倾向是多年形成的，每个人都会构建一套独特的最符合自身信息需求的筛选机制。简单地对大数据进行数理统计分析，并据此进行精准的信息推送，这只是一种简单的自我想象，结果只会令读者的阅读体验变得糟糕，"这不是我需要的内容，尽管它是目前的热点"。一味地通过计算机分析读者的喜好、倾向，往往最终推送的只是一系列热门的垃圾信息。只有经过编辑的事先筛选，尽可能关注信息内容本身的优劣，剔除劣质的内容，最后再基于用户个人行为数据进行个性化推送，这样才是真正意义上的信息推送。在这样的背景下，加强编辑对信息个性化的推荐是不可或缺的，这也是机器替代不了人脑的工作。

三、数字时代编辑的角色调适

在数字化浪潮中，各个媒体行业间的边界将进一步模糊，内容提供商（ICP）、互联网服务提供商（ISP）和电子渠道运营商之间的融合程度会更加深入。数字出版的本质依然是"出版"，只是各自的终端设备、数字科技、互联网传播取代了原有的纸张笔墨及印刷。数字化编辑工作意味着对现有的知识体系进行整合、加工、改造，以适应数字时代的需求，完成编辑角色的转化。

（一）编辑应成为传播中的网络意见领袖

数字出版时代对编辑的要求将更加全面，传统编辑需要实现自我角色定位的转变——编辑将从传统意义上的"把关人"过渡到网络意见领袖。意见领袖的涌现是互联网发展的必然产物，它符合互联网发展的逻辑，即最终的传播效果取决于众多用户和阅读者、转发者的集体合力，而非传统媒体的资本和权力。同时，信息的传播不再是单向的，而呈现多向性、互动性，信息在这种自由传播的过程中才能转化为知识和共享。传统编辑在向网络意见领袖转化的过程中具有先天优势。一名优秀的编辑，大多已经是某个领域的专家，而编辑的职能也要求其具有较强的社会交往能力、较强的媒介素养。编辑角色的转变，除了有助于策划选题、自我宣传，还能在准确引导舆论方面发挥重要的作用。未来数字出版物的核心竞争力来自以下三个方面：一是足够大的覆盖范围以及足够数量的读者群体；二是读者的舒适阅读体验；三是读者群体的用户"黏性"。而社交关系就是实现扩大读者群体、"黏住"用户的重要手段，读者肯定作品，并愿意与朋友进行持续分享，这种"黏性"就能长久地维持下去。当编辑与读者的互动性增强时，社会化媒体的倾向性也会同时得以增强，个人的独特性更能得以体现，编辑专业化的推荐将备受重视与青睐。在信息泛滥的时代，读者需要精准的推荐与引导，专业编辑、网络意见领袖，将更能体现自身价值。

（二）编辑应成为数字产品架构者

数字时代，编辑最需要掌握的技能就是学会如何从纸张时代的单向入口，转向App、程序或网页的多向入口。具体而言，就是同样的信息内容如何用适当的数字形式表现。所要制作的信息内容，是适合制作成网页，还是应用程序，或者是手机App？还有这种内容需要何种匹配的数字多媒体形式？编辑需要把过去只存在于纸张中的信息转换成比特。在这个过程中，编辑就必须思考，数字载体应该转变成什么形式？满足使用者何种需求？如何产生最高的阅读效率？曾经保留在纸张上的信息，都有可能转成更有效率的数字信息。编辑要深刻理解这种转变，编辑工作是为了追求更有效率的传播，而不仅仅是为了赶"数字化"的时髦。

脱离纸张实体之后，编辑虽然会失去过去在纸张上发挥的空间，但在数字化方面却获得了极大的解放。读者转化为用户，传播介质变得智能，写作结合编程，编辑的某些技能将计算机算法化。编辑的工作方式不再局限于单纯地使用文字，而是逐渐应用代码来制作新形式的内容，管理信息流。因此，在数字化出版中，编辑自由发挥的空间前所未有地扩大。人类阅读的主要方式依然是手持阅读，从竹简到纸制图书都是手持阅读，而数字出版在借助移动互联网之后依然保持这一方式，只不过这种方式将由原来单向性转变成互动形态的多向性。

（三）编辑应成为数字内容深度加工者

编辑应成为知识生产过程中的设计组织者。从题材选择上看，传统编辑的核心工作就是组织、选择、整理、归纳各式各样的信息，这项工作在数字化时代得到进一步提升。由于数字产品的无实体特征，当它被制作完成之后，就永远存留在网络平台上。因此，在资源有限的情况下，那些具备长尾效应的内容会比时效性的内容更适合制作成数字化产品。从这个角度来看，编辑应该注意分辨何种题材能经得起时间考验。

出版的核心是内容，出版的本质是选择。数字出版的本质是整个流程的数字化，包括在这个过程中衍生出的新产品，如数据库、互动和体验等。对出版人而言，如果以文化为追求，那么出版上游的核心问题只能是提供优质内容，要保证优质内容就必须做回归选择。数字化仅仅是出版的一种传播形式，它的核心价值与传统出版一样，仍然是依靠编辑行为才能得以体现；数字化出版和传统出版的不同只在于，数字出版通过新的技术手段可以提升常规作品流程化处理的工作效率，数字化产品更易满足用户的全面阅读体验。在新的媒体生态环境下，如何创造舒适的用户体验，将信息向适合的阅读群体推广，数字技术为此提供了更多可能。好的编辑是信息的搜集者与深度加工者，合理使用各种社交软件、搜索引擎、信息发布平台，借助强大的互联网、数字化技术，充分满足读者个性化与私人定制化的需求。

四、结语

编辑不会因传播介质的改变而失去价值，优秀的编辑依然是宝贵资源。在数字化时代，开放性、多元性以及去中心等特征客观上决定了信息的碎片化、海量化，编辑的工作重心应转移为发掘原创，满足读者的阅读需求。传统编辑要有危机意识，但没必要悲观失望。当信息时代发展到极致时，大众不再对那些空洞的、无用的信息感兴趣，他们需要的是更为充实、有用的信息，而这就是信息与内容的生产者——编辑在信息时代赖以生存的丰厚土壤。

参考文献

[1] 潘凯雄. 数字出版也需要安静 [N]. 文汇报, 2013-06-10.

[2] 胡晓东. 数字阅读未来的三种场景想象：根基仍在内容 [EB/OL]. (2013-08-26) http://www.tmtpost.com/58956.html.

（成稿于 2014 年 3 月）

性别刻板印象中的学术期刊女性编辑形象及其重塑

一、引言

性别刻板印象,也叫性别角色刻板印象,是人们对男性和女性角色特征的固有印象。人们总是试图找出不同角色的共同特征,以方便认识判断,体现了人们对性别角色的期望和看法。刻板印象在性别角色形成中,发挥着模板和框架的作用:男性富有抽象思维、敢于冒险、果断自信、领导才能强;女性感性思维强、保守、优柔寡断、机械记忆能力强。以至于在职业的选择上,也存在对男性和女性不同的期望。社会用这个框架去要求人们,人们也以此为准则来约束自我,最终使性别刻板印象在人们心中沉淀加固,进而影响其在职业上的发展。

女性从事编辑工作可追溯到清朝末年。1897年,康有为的长女康同薇在澳门《知新报》开始从事编辑活动,是中国第一位从事编辑工作的女性。如今,新闻出版界的女性比重近半,某些编辑部甚至出现清一色的"娘子军"现象。2009年,原新闻出版总署的《新闻出版产业分析报告》显示,全国新闻出版业男女占比分别为50.7%和49.3%,基本平衡。在学术期刊界,女性编辑的比重更高。但即便是具有"半边天"气势的女性编辑,依然未能挣脱性别刻板印象的窠臼。

二、性别刻板印象中的学术期刊女性编辑形象

女性编辑人数虽不断攀升,但在学术出版界占据主导地位的依然是男性。女性编辑的刻板印象,在经过演化和延伸后,表现在女性和编辑两个角色之间的不对称上。性别刻板印象中的学术期刊女性编辑形象一般呈现为以下三类。

(一)惯常定势的按部就班者

惯常定势是一种思维模式,是指人的认知框架具有形式化的结构,它具有强大的惯性,能不由自主地支配人们的思维过程、态度及行为。隐匿性是编辑工作的特点之一,编辑的选题构思、组稿和审稿等过程,不为外界所知,使受众对编辑工作缺乏了解,尤其会对奔波在家庭和事业之间的女性编辑的创新有所质疑。就女性编辑自身而言,受周而复始的编辑出版流程影响,新鲜感渐失,习惯在编辑部办公室被动等待稿件,容易走入惯常定势的误区。

(二)敏感脆弱的自信缺乏者

学术期刊女性编辑作为知识女性,尤其是作为文化的传播者和把关人,出版物的"总合成器",责任重大而权力又相对缺乏,工作中的压迫感较强,这种无形的压迫感使她们变得敏感和脆弱。追求出版物的无差错则强化她们的完美意识,变得谨小慎微。社会的浮躁感,家庭婚姻和子女教育问题,也无形中加剧女性编辑的焦虑不安。同时,女性编辑相对于其他知识女性,与社会直接联系少,参与决策的机会也少,可获得的支持系统也相对少。加之知识女性孤芳自赏、不轻易求人的秉性,使她们在面对困难和委屈的时候,不愿诉说,也无处诉说,孤立无援,只能自行消化。每天面对海量的知识和信息,思维长期处于应激状态,内心虽然充实却容易焦虑疲惫。加之转企改制,不明朗的前景也对女性编辑的心理带来冲击,易滋生焦躁和恐慌情绪。

(三)自我发展遭遇瓶颈的职业倦怠者

职业倦怠是一种与职业相关的综合症状,源于个体对付出与回报之间显著不平衡的知觉,这种知觉受个体、组织和社会因素的影响。有资料显示,女性最易显职业倦怠感,通常是男性的3~5倍。出版职场的"玻璃天花板"现象,①使女性编辑被隔离在职业层级的中底部,从事支持性和辅助性的工作,女性编辑的自我发展前景渺茫,缺乏追求的动力和方向。自我发展遭遇瓶颈的女性编辑,工作的愉悦感丧失,自我评价走低。有研究表明,女性编辑的心理健康状况不如男性编辑,在抑郁、焦虑和偏执等方面有差异。[1]女性的生理特点也在某种程度上影响着女性编辑的职业发展,"孕期""产期""更年期"等特殊时期,会带来工作的"断档",或受新人冲击,或使业务停滞。而为人妻、为人母的角色,使她们陷入更加忙碌之中,面对出版职场的新挑战,显得精力不足,斗志不强。

三、学术期刊女性编辑刻板形象成因分析

(一)社会性别意识普遍缺乏

社会性别意识是指在承认两性生理性别差别基础上的对两性具有同等的人格、尊严、权利和发展机会的认识。当前公众的社会性别意识仍然非常淡薄,即便在文化传播领域也是如此。社会性别意识在某种程度上决定着传播者在传播实践中的实际取向,也决定着女性传媒从业者的职业理念和职业发展。传统观念将女性限制在家庭的小范围里,使女性沦为男性社会的依附者,"贤妻良母"被确定为女性的理想形象,男性"张扬"和女性"内敛"的刻板印象

---

① "玻璃天花板"一词源于1986年3月24日的《华尔街日报》的"企业女性"专栏,用来描述女性试图提升到企业或组织高层所面对的障碍。当女性在组织中发展到一定的阶段,快要接近顶端时,就会感觉到一层看不见的障碍横亘在她们面前。

已经深入某些人的骨髓。虽然女性编辑为出版业带来了别样的风景，但仅仅以从业人数的增加来看出版行业的性别意识，是片面的。事实上，"玻璃天花板"现象一直没有得到改变。笔者曾对浙江省56家高校学报做过统计：56家学报共有编辑203人，其中女性编辑有127人，占编辑总数的62.56%；女性担任主编或编辑部主任的为22家，仅占总数的37.29%。作为传播把关者标识的决策权和控制权，主要掌握在男性手中，女性编辑大多身处编辑工作一线，发展相对缓慢。

（二）社会协同支持系统比较薄弱

编辑工作本身的隐匿性，使基层的女性编辑更需要在制度和政策上得到扶持，而现实是这种社会协同支持系统相对比较薄弱。受出版市场影响，一些单位经济效益不佳，直接导致编辑的收入不高。上海市新闻出版工会女职工委员会和上海出版工作者协会女编辑工作委员会曾联手对上海市39家出版社、414名在岗女编辑进行了抽样调研，女编辑们对收入满意度评价较低，30%的人"不满意"，49.6%的人评价"一般"，仅有5.4%的人表示"满意"。另外，部分女性编辑所处的工作环境和工作条件也不尽如人意，大都挤在狭小的编辑部，自我空间小，压迫感强，人际关系较复杂。女性编辑的处理权较小，自主权和灵活度不够，外出进修机会少，职称晋升通道较小。

（三）信息社会文化震荡冲击的强化

文化震荡是指人们在一个极短的时间里承受过多的变化之后感到压力重重，晕头转向，不知所措的现象。[2]210市场经济时代，出版业从纯文化属性过渡到兼具商品属性的行业，编辑人员的竞争压力陡增，女性编辑更是肩负多重角色。信息科技的发展，使传播的单向度方式被打破，编辑编什么读者读什么的时代一去不复返，受众的阅读心理日渐成熟，既要保证质量，又要兼具竞争优势，占领市场，强烈的反差带给女性编辑前所未有的压力体验。另外，一种社会共识的达成,与大众传媒呈现的统一的生活图景和文化观念有很大的关系。大众传媒强化女性职业性别特征中"温顺""敏感""母性""柔弱"的一面,这对女性编辑的价值形塑作用也是不言而喻的。

四、学术期刊女性编辑形象的重塑

编辑作为文化产品的传播者和保存者,其个人素养和能力水平直接影响出版产品的质量。学术期刊女性编辑作为编辑队伍中的"半边天",必须摆脱性别刻板成见,重塑全新的女性编辑形象,这需要女性编辑自身的努力和社会的共同配合。

(一)普及社会性别观念,真正将性别意识纳入决策主流

生理性别是男女两性与生俱来的在生理上的差异,而社会性别由后天的社会文化建构而成。由于普遍缺乏社会性别意识,人们囿于生理差异而对女性编辑抱有刻板成见。普及社会性别观念,让人们意识到社会性别是可以被塑造的,打破传统文化形塑的男性和女性的不同性别规范和性别期待,从而超越生理构造的差异,避免产生刻板成见。眼下的传媒环境,依然倾向于再现传统观念中的性别刻板印象,强化男性中心主义的意识形态,女性依然是男性审美主体建构起来的"被看"对象。因此,除了各类学校要普及社会性别意识教育,女性编辑所在的出版业,乃至整个传媒业,更要做好社会性别观念的传播引导工作,营造先进的性别文化氛围。传统媒体和新兴媒体都应具有自律意识,及时更新两性观念,弘扬两性平等的价值观,营造两性平等和谐的媒介空间。唯有如此,女性编辑作为媒介空间的重要参与者才能更好地显现自身的价值。

将性别意识纳入决策主流是第四次世界妇女大会提出的基本主题,它是一种战略,是将女性和男性的关注事项和经验作为一个整体,纳入经济、政治

和社会所有领域的政策和方针的设计、落实、监测和评估,使男女都能平等受益,终止不平等现象,最终实现男女两性平等的目标。[3]出版领域各项制度中要渗透社会性别意识,要拓宽女性编辑参与决策和管理的渠道,满足女性编辑自我发展的需求。要有一套比较完善的升迁和晋升体系,使女性编辑真正突破"玻璃天花板"。增加女性编辑参与选题策划和编辑事务决策的机会,给予她们更多的教育培训机会。在数字化出版时代,应提升女性编辑的数字技术能力,消除性别数字鸿沟。

(二)女性编辑主体意识的自我觉醒,做到自我认可和自我平衡

女性编辑的主体意识是指女性编辑有清醒的自我意识,能够自觉履行社会责任和人身义务,并以独特的方式参与编辑工作,实现自我价值和社会价值。女性编辑主体意识将"编辑"和"女性编辑"统一起来,表现出包含性别又超越性别的价值追求,建立起一种平衡的心态,客观、冷静、理性对待双重角色的冲突与困惑,充分认识到所谓"女强人"的说法,实际上也是刻板印象强加给女性的角色,出色的女性编辑与好母亲、好妻子之间并不矛盾。

法国著名女性主义学者波伏娃有句名言:"女人并不是生就的,而宁可说是逐渐形成的。"[4]与其说女性编辑形象是刻板固定的,倒不如说是在不断发展变化着的。女性编辑必须认识到,人的潜力是巨大的,被开发的只是很小的一部分。长期以来,女性的潜力更是被深深淹没了,因而妇女的发展要靠社会的进步,更要靠自身的努力。"女性对自我价值的肯定,意识到作为人的独立存在,是女性自我成长的思想基础",[5]女性编辑主体意识觉醒后能清醒地认识到自己作为女性的特质特征与社会位置,并追求自己作为"人"的独立发展,放下现实社会和文化传统强加的刻板印象,才能充满女性的平静安详、责任爱心与潇洒自信。女性编辑在"为他人做嫁衣"的同时,也要随时记住"为自己做新衣",实现自己的人生价值。[6]

(三)挖掘女性编辑气质特征,发挥独特女性视角

英国报人瓦可尔曾说,新闻的第一个词是"女人",指女性新闻工作者在新闻报道中具有得天独厚的传播优势。女性的细腻敏感是男性难以企及的,通常,女性编辑更关注细节,擅长从普通中发现不寻常,具有捕捉稿件亮点的观察力和感受力。被誉为出版界"铁娘子"的长江文艺出版社副总编辑金丽红,在编辑制作上提出了著名的"五分钟效应"理论:读者选书首先看书名,然后是作者、出版社、封面设计,再是内容摘要、目录,最后是封底和定价,这个过程大致需要5分钟。她始终认为,做书不是做环节,而是在做细节。[7]女性编辑要善于发现闪光点,引导作者碰撞出编辑创意的火花,跳出惯常编辑流程的定势。"想象的缺乏是造成出版业原创图书缺乏的根本原因。所以说,如何由埋头工作向发挥自我的创造性想象转变是出版人迫切需要解决的问题。"[8]对文化创意产业之一的出版业而言,女性编辑独特的视角、认知以及敏锐的感觉,可以为出版工作带来新的内涵、元素和动力。

女性编辑的亲和力是与生俱来的,这使她们在乐群性方面超过男性编辑,她们更热情、豁达,容易和人沟通。女性编辑的感性气质使她们比较注重公共关系,讲究团队协作精神,在与作者沟通上更具有一种平等坦诚的意识,"女性编辑职业认同要显著高于男性编辑",[9]有研究表明,男女编辑在16种人格特征比较中,女性编辑有9种人格因素的得分高于男性编辑,在敏感性和乐群性方面尤其突出。[2]171因此,能够充分发挥女性气质精神和独特视角的女性编辑,去诠释自己作为编辑的独特形象无疑更具灵气、细腻和智慧。

参考文献

[1] 姬建敏. 学报编辑心理健康状况调查[J]. 河南大学学报2005（5）：230-231.

[2] 姬建敏. 编辑心理学[M]. 郑州：河南大学出版社，2004.

[3] 蒋莱. 性别刻板印象及其对女性领导发展的影响[J]. 中国浦东干部学院，2009（5）：95-99.

[4] 西蒙娜·德·波伏娃. 第二性——女人[M]. 陶铁柱，译. 北京：中国书籍出版社，2004：251.

[5] 华晓红. 学术期刊女性编辑的现实困境及其对策[J]. 浙江传媒学院学报，2012（6）：123-125.

[6] 王雪萍，周宇红. 论科技期刊编辑如何提高工作激情[J]. 编辑学报，2013（5）：495-497.

[7] 曹丽华. 女性地位变迁与女性编辑略谈[J]. 新闻知识，2009（12）：48-49.

[8] 庞沁文. 论创意时代的创意出版[J]. 编辑学刊，2008（2）：24-28.

[9] 周畅. 我国青年编辑职业认同研究[J]. 出版科学，2016（4）：13-17.

（成稿于2017年9月）

学术期刊编辑理想人格刍议

"Personality"是人格的英文表述，从拉丁文"persona"演变而来。拉丁文"persona"的含义是面具，当时面具是用来在戏剧中昭示人物角色的身份和性格的。古希腊时期，人格被引申为一个人的外在行为表现方式，他（她）在生活中扮演的角色，和他（她）所从事的工作相适应的个人品质的总和，以及声望和尊严。[1]通常意义上说，今天我们对人格的理解，也大多在此范畴。《现代汉语词典》对人格是这样解释的：人的性格、气质、能力等特征的总和；个人的道德品质；人作为权利、义务主体的资格。编辑作为人类智慧和思想传承的载体，作为研究、开发、传播人类文明成果的地位已经得到公认。那么称编辑是精神文化产品的把关人，科学知识的传播者，人文精神的守望者是不为过的。而学术期刊编辑与学术研究紧密相连，学术是一个民族的精神之光，是人类理性认识的系统化。可以说，学术期刊编辑是科学精神的守护者和探索精神的实践者。因此，探讨学术编辑之理想人格，显得尤为必要。

一、以求真奉献呼唤主体性的德性人格

学术期刊编辑的德性人格是以德性为生存方式，是学术期刊编辑特定的道德认识、道德情感、道德信念和道德习惯的有机统一，是学术期刊编辑人格的最高境界。德性人格充分显示和肯定了人格的主体性价值。相对于其他载

体的编辑而言,学术期刊编辑的工作是默默无闻的,既辛苦又清贫。但是,学术期刊编辑的作用却是举足轻重的。因为,科学研究的创造成果,大多要在学术期刊上发表,从某种程度上说,学术期刊的水平,标志着一个国家或地区的科学研究的实力,它像是一个标杆,昭示着一方的学术能力。笔者结合学术期刊工作的实际,认为学术期刊编辑的德性人格主要体现为以下几个方面:

(一)敬业与奉献

对编辑事业的高度责任感和强烈的事业心是学术期刊编辑专业动机的核心部分。那些优秀的学术期刊编辑的共识,就是把出版发表高质量的学术科研成果,提升科研综合水平,作为自己的奋斗目标。学术期刊编辑的劳动成果是非显性的,因此,学术期刊编辑的劳动可以称为"为他人做嫁衣"的劳动,都是隐匿在作者背后的。作者通过著书立说表达自己的学术思想,学术期刊编辑活动则是为了传播别人的学术成果,他们的劳动围绕作者的学术成果展开,虽然浸透了他们的心血和汗水,但是成果是作者的,他们注定是默默无闻的。学术期刊编辑需要树立的是把心血藏在别人的成绩里的苦乐观和编辑魂,同时还应具备不避其繁、不怕案牍劳形的敬业精神。

(二)求真与公正

学术期刊编辑的社会角色决定了他们的劳动与简单过滤、复制原始精神产品不一样。

从选题策划到稿件内容质量的评估,整个过程都离不开求真与公正。求真与公正是学术期刊编辑实现并完成他们的社会角色的精髓所在。在编辑工作中,学术期刊编辑接触的稿件都是未经出版发表的学术作品。公正的编辑应该不唯上、不唯书,只唯实,客观选择稿件,不失信于作者。这不仅是学术期刊编辑应具备的职业道德,更是学术期刊编辑应拥有的德性人格。

(三)尊重与沟通

学术期刊编辑与其他职业相比,一定程度上缺少现代社会常有的锻炼左右逢源的机会,他们在相对缺乏世故的编辑部里默默耕耘。但这并不意味着,学术期刊编辑就可以两耳不闻窗外事,可以不谙世事、刻板迟钝。在与作者和读者的关系处理中,学术期刊编辑更需要善解人意,懂得尊重,善于沟通。这是赢得作者和读者的前提。编辑的人格魅力就是在对作者作品的关心、稿件的修改和对读者负责的小细节中展现出来的。因此,学术期刊编辑应该多深入实际,了解社会,克服单纯化、刻板化的倾向,提高自身的人际交往能力和社会交往能力,拥有灵活变通、机敏练达而又不失率真坦诚的人格特征。

二、以好学深思探索创造性的文化人格

编辑工作是积累和传播文化的工作,应强化求知欲和新奇欲。追求新知识,思考新问题,探索新境界,是编辑生产和创造新的出版物的基础。学术期刊编辑要从大量的稿件中挖掘和发现具有创新价值的内容,并进行高质量的加工、整理,以发挥稿件作者的创造性。以优化、创新为目标的选题是学术期刊编辑创造性的重要体现,在组稿、审稿过程中编辑的观察力、选择力也是创造性的体现,在对稿件的修改加工中,同样也是一个去粗取精、拾遗补阙、规范润色的创新过程,在封面设计和刊物策划的创意,也一样体现创造性。

"编辑是一种独特的文化存在,它必须承担起一个民族的文化积累、继承和创新的建构使命",[2]而学术期刊的核心是学术文化经营,它的根本是坚持学术文化本位。因此,学术期刊编辑要不断学习新理论,了解学术新动向,吸收新信息,吸取新知识,提高自身的文化素养,增强文化积淀,提升文化内涵,在不断的学习和思考中,提高学术期刊学术文化含量。学术期刊编辑不一定是学者型的,但是一定要努力培养自身的学者胸襟。通过不断的学习,提高政

治素质，提升学识修养，完善知识结构，从而使自己的稿件鉴别能力上台阶。在一定程度上说，学术期刊编辑对稿件拥有生杀大权，用与不用，最初的门槛是由编辑设置的。具有文化人格的学术期刊编辑，拥有大气的学者胸襟，方能辨明稿件的优劣，判断刊用后的效果。编辑不仅要慧眼识珠，还要让"珠"放出光芒。

三、以注意感知追求审美性的审美人格

审美是一个美学概念，是指人对事物或艺术品的美的领会。编辑活动是人类精神文化创造的重要环节，满足的是人类精神生活的需要，更加离不开审美活动。对于学术期刊编辑而言，审美主要体现在作为编辑主体对编辑对象的独特领悟、把握和创造上。"而主体在观照这一蕴寄着编辑审美价值、成为编辑自身外化了的编辑客体时，就会复现自身，确证自己的本质力量，从而产生编辑美感，创造了编辑审美价值形态。"[3]在发现编辑对象的美，并对其进行感受和创造的过程中，学术期刊编辑才能真正使自己成为真的种子，善的使者，美的旗帜，进而引导读者丰富自己的心灵世界，引发学术共鸣，这样，学术期刊编辑的审美人格才得以提升。

注意是一种常见的心理现象，也是心理活动的重要组成部分。学术期刊编辑注意什么，也就是在感知什么。审美性是学术期刊编辑活动的重要特性，它主要体现在学术期刊编辑的审美活动中。当大量的稿件、信息呈现在编辑面前的时候，如何选择合适的稿件和信息，首先离不开编辑人员的审美注意和审美感知。审美注意就是审美主体在碰到审美对象时，把注意力集中在审美对象上，审美注意与一般的注意不同，它主要是对象结构的注意。编辑人员对稿件进行审美选择，必须要有这种审美注意。审美注意的深入就是审美感知。审美感知表现为审美认识和情感体验。学术期刊编辑在获得审美注意后，就会进入稿件的阅读。作品的新颖理论、感人情节、形象描绘等会引起编辑人员

的审美感知。

审美注意和审美感知为编辑人员的审美活动开启了大门,进而深入到审美体验和审美批评中,其中最值得关注的是编辑的审美批评的发挥。学术编辑的审美批评是对编辑活动中的信息的鉴赏式审美和研究式审美集中的、优化的体现,是编辑审美接受的高级形态。这一过程中既有体验的情感活动,又有反思和理解的判断活动。编辑的审美批评主要体现在对稿件学术主题的审美批评和稿件表现形式的审美批评。学术论文在主题内容上因为科学价值而产生学术美,通过传播,促进科学研究的发展和进步,影响和提高读者的科学思想,这和人们对美的追求是高度吻合的。学术论文的形式美,可以体现在严谨缜密的学术观点、流畅的行文表达、水到渠成的观点论述等方面。编辑的审美人格在审美批评中得到了淋漓尽致的发挥,它追求的不是片面的审美批评,而是整体性批评。由对稿件信息的初步审美体验,到对稿件审美内在因素的进一步分析,完成从欣赏到批评的过渡,通过修正,提高稿件质量,保证学术传播的专业性。

人格作为人的社会性的集中体现,带有明显的职业烙印。德性人格、文化人格、审美人格的和谐统一与完美结合,是学术期刊编辑完成文化传播者使命的有效保证。

参考文献

[1] 姬建敏. 编辑心理学 [M]. 开封:河南大学出版社,2004:155.

[2] 张西山. 编辑的文化视界 [M]. 北京:人民文学出版社,2007:19.

[3] 陈景春. 编辑的审美活动与编辑美 [J]. 出版科学,2005(2):15-19.

(成稿于 2010 年 11 月)

学报编辑的三种"冷漠"及其消解

一、引言

编辑是精神文化产品的把关人,科学知识的传播者,人文精神的守望者。学报编辑是一种独特的文化存在,他们承担着学术文化的积累、继承和创新的建构使命。学报编辑在选题、策划、组稿、审读、选择和加工等出版流程中,除了遵循期刊出版的一般规律和规范外,倾注了编辑个人的智慧与热情,他们的个性行为往往影响着学报的发展与走向。满腔热情、一丝不苟地在编辑岗位上默默耕耘,是大多数学报编辑人员的工作写照,但日复一日的幕后工作又消耗着他们的热情,易产生职业倦怠,加之编辑工作的隐匿性与繁琐性,使得编辑的"冷漠"情绪悄然而生。

二、学报编辑常见的三种"冷漠"

此处的"冷漠"特指忽视、不关心的心理状态。和所有职业倦怠者一样,学报编辑的"冷漠"表现也是多样化的,但有几类最为常见和突出,对编辑出版质量的影响也最为严重。笔者将其归纳为以下三种:

(一)对隐性差错"冷漠"

隐性差错,顾名思义,即不易被辨识、发现的隐藏性差错,它相对于辨识度高、以"校异同"为主的显性差错而言。史学家陈垣有言:无心之误半,有心之误半。在学报的编辑出版过程中,"无心之误"实属显性错误,容易被发现被纠正,而"有心之误"则属于隐性差错,是由于作者的学术水平和文字素养欠缺所致,编辑倘若"冷漠"对待,这些差错则容易被忽视,进而影响学报质量,甚至导致政治差错。隐性差错主要表现为:

1. 政治差错。诚然,学报编辑必须从语言文字角度对将刊发的文章进行把关,但若仅仅局限于语言文字本身,政治意识"冷漠",则往往导致政治把关能力不足,容易在涉及宪法原则和政治体制、涉及我国港澳台地区和少数民族边疆地区、涉及少数民族风俗习惯和宗教信仰等内容上出现政治差错。

2. 数据差错。有些文章会涉及一些数据,数据用得越多,越要注意是否出错。数据差错主要体现为数据不准确、产生数据的主体存在问题、缺乏比较数据、数据和文字之间的关系不清晰等。编辑若是对数据抱"冷漠"态度,那就极有可能让错误的数据蒙混过关。

3. 文献引用差错。参考文献引用是否科学、合理、充分,是学术期刊审稿时的评价标准之一。参考文献在一定程度上体现作者对研究领域的资料积累,但也不能排除某些作者为了投刊物所好,凸显其引用资料的新颖性,不惜用修改年份或"制造"文献的方式来获得编辑和审稿专家的好感。

4. 习惯类差错。表现为编辑对人们长期以来对某些词语或词组的经常性的错误引用"冷漠"。比如"受害人遍及安徽、广东、广西等省市""危房改造首当其冲""并采取打假行动,但屡试不爽,收效甚微""教辅产品正在新华书店做促销,如果想借此为先导、推广品牌,效果绝对差强人意"等,此间的用词错误都是由于错误思维定式所致。

(二)对青年作者"冷漠"

当下学报的投稿中有很大一部分来自青年作者,这个群体的论文相对稚嫩,无论是文章的深度还是学术性都不够成熟,论文书写的学术规范也相对弱一些。编辑的惯常思维使得目光聚焦在高层次的资深作者群身上,青年作者这个群体往往被编辑所忽视。有些编辑在初审稿件时,唯学历职称认论文,对学历职称偏低作者的论文不屑一顾。殊不知,每一位学者的成长,都是从青年到资深、从浅薄到丰厚。编辑此举在很大程度上扼杀了学报潜在的优质作者群的发展。

(三)对媒体融合"冷漠"

就本质而言,媒体融合即"增加新闻和信息平台的数量,以使新闻资源得到最优配置的一种方式",[1]学报媒体融合旨在构建媒体多平台出口的内容传播渠道,实现学报资源的最广泛传播。长期以来,学术期刊编辑作为纸媒的传播者和把关者,传统媒体的烙印根深蒂固,尤其是学报编辑大多属于高校事业单位,"旱涝保收",市场竞争意识薄弱,固守着传统单一的出版管理模式,部分编辑对网络数字化发展趋势漠不关心。

三、学报编辑"冷漠"的消解策略

学报编辑人员呈现的"冷漠",影响着学报的编校质量、作者群建设和传播力,因此必须要消解这些"冷漠"。

(一)增强编辑的政治意识和政治把关能力

学报不仅仅是展示学术科研的窗口,它本质上属于出版活动,而出版工作具有较强的意识形态属性,因此学报编辑必须具备政治意识、质量意识、责任意识等,其中政治意识是第一位的,是重中之重。编辑的政治意识,简而言之,是指编辑对社会政治所抱持的思想、观点、情感、态度和信仰等在出版方面的集中反映和体现,主要是指在出版实践中,编辑人员必须保持的马克思主义新闻出版观。[2] 政治把关能力,是对其从认识到实践的职业本领或者工作水平给予的评判。政治意识和政治把关能力两者之间相辅相成,彼此促进。编辑的政治意识增强了,其在涉及国家宪法尊严、思想政治观点、国家统一与主权领土完整、国家秘密与国家安全、少数民族、社会公德、传统文化等方面的政治把关能力也自然得到提高,避免出现政治差错;反过来,政治把关能力也检验和完善政治意识。

(二)培养编辑的质疑精神和文化情怀

质疑精神是学报编辑不可或缺的品质,它是消除学报隐性差错的撒手锏。编辑应正确处理"文责自负"与"编辑加工"之间的辩证统一关系,不迷信原稿,也不迷信权威,大胆质疑、细心求证,尤其不能让数据差错、文献引用差错、习惯类差错等隐性差错蒙混过关。文化情怀是指编辑在自己的岗位上有发自内心的执着追求,有了这份情怀,将职业视同为文化担当,就能够从传播文化、启迪读者、影响时代的出版过程中获得充实与快乐,就能够从相对枯燥、繁琐的编辑出版流程中跳出来,坐得住冷板凳,耐得住寂寞,心态平衡稳定,工作饱满热情,有自行消解职业倦怠的能力,乐为作者做"嫁衣"。编辑的情怀是一种人生大格局,也是一种文化大视野。[3] 富有文化情怀的编辑人员在扶持青年作者群体方面,也更有耐心和人文关怀,通过梳理青年作者论文常见问题并提出指导意见,培植潜在优质作者群。

(三)丰富编辑的知识结构和媒体融合手段

传统的出版流程与模式的单一性、单向性和不可逆性,使得学报一直停留在"作者 — 期刊 — 读者"的单向度传播方式中。媒体融合时代,资讯传播方式出现了巨大变革，新媒体对学报的冲击与影响也随之升级，固化的传统出版思维必然要被打破，实现学报编辑工作流程和运营方略的转变。编辑人员的知识结构需进一步拓展，除了要具备良好的政治意识、选题策划能力、文字把关能力等，还需要熟练掌握媒体融合手段和数字出版技术，能利用新兴媒体将作者、读者、编者和审稿专家融汇在一起，打破单一向度传播。要积极打造微信公众号、移动App等移动平台，不断拓展传播方式，丰富传播内容，可以借鉴其他主流媒体实现移动传播的形式，比如源程序、超链接、音视频等，在保证学术严肃性的基础上让读者更容易接受的方法传播学术内容。[4]

参考文献

[1] 陈国权. 关于媒体融合中内部管理机制的创新[J]. 新闻论坛, 2017（1）: 67-70.

[2] 陈军良. 图书编辑政治意识与把关要点解析[J]. 中国出版, 2012（16）: 37-38.

[3] 赵强. 出版人要有文化情怀和能力储备[N/OL]. 中国新闻出版广电报, 2018-11-22[2019-09-10]. http://media.people.com.cn/n1/2018/1122/c40606-30416050.html.

[4] 于茜. 媒体融合背景下的学术期刊转型之路[J]. 新闻爱好者, 2019（10）: 60-62.

（成稿于2019年12月）

浅阅读时代大众阅读与编辑调适

时代的飞速发展,人们面临着各种压力,都渴望能够快速便捷地获取和掌握有效信息,浮躁、速成的心态日益明显。阅读决定着一个民族思维的深度和高度,然而在当下中国浅阅读现象却呈蔓延之势,大众阅读问题已引起全社会的广泛关注。

浅阅读是一种浅层次的、以简单轻松甚至娱乐性为目的的阅读形式,一味浅尝辄止,不在精神和思想领域做更多的探究。[1]浅阅读从本质上说是一种快餐文化,离阅读陶冶情操、提升文化内涵乃至推动社会发展进步的终极目标相距甚远。阅读与出版息息相关,就像是文化传播与精神发展之间密不可分一样,阅读价值在一定程度上是由出版价值所主导的。"倡导阅读、培养新人、涵养社会是出版业的一种社会责任,也是出版业生存和发展社会基础。"① 在此阅读语境下,就肩负文化产品把关和传播使命的编辑个体而言,更应直面当前阅读态势寻找相应的调适策略。

一、大众阅读现状

随着现代信息技术和新媒体的快速发展,我国已拥有5亿多网民,互联网

---

① 参见中国网2007年8月28日新闻出版总署柳斌杰署长在北京国际出版论坛上的讲话。

对信息传播和人们的精神文化生活产生了巨大的影响。网络在改变人们生活的同时,也改变了人们的阅读方式。大众阅读一直是社会关注的热点,据中国新闻出版研究院公布的第十次全国国民阅读调查显示:2012年我国18~70周岁国民人均纸质图书阅读量为4.39本,相对于发达国家动辄数十本的阅读量明显偏低。而另一方面,中国早已成为世界出版大国,2012年全国出版图书总量超过40万种,79.2亿册。[2]今天,阅读模式不再仅仅表现为香茗青灯下的经典阅读,国人的各类数字化阅读方式正在快速增长,网络为阅读提供了多元化的阅读载体、形式和内容。

(一)阅读载体的改变:阅读从纸质阅读时代进入纸质与数字阅读共存时代

"书香门第"中的"书香"原意指的是古人为预防蠹虫咬食书籍,便在书中夹放一种芸香草,书籍打开之后清香袭人,因而称之为"书香"。几千年来,散发着阵阵清香的传统纸质书籍,一直是人类文化传承、传播的主要载体,纸质阅读存在的时间最长,影响也最为深远。但随着互联网的发展和数字化技术的推进,传统纸质阅读的地位已经发生了巨大的变化。2012年第十次全国国民阅读调查相关数据显示,大众图书阅读率为54.9%,包括网络在线阅读、手机阅读、电子阅览器阅读、光盘阅读等数字化阅读方式的接触率为40.3%,呈较快的增长势头。[3]尤其是手机网络的普及,极大地便利了手机网民的工作和生活,越来越多的人对手机网络的依赖性增强。数字阅读将传统的文图阅读拓展为文字、图像、色彩、声音相结合的视、听、读为一体的多元化阅读,人们获取信息的渠道大大拓宽。毋庸置疑,大众阅读目前正处于一个分化与激变的时代,数字化阅读发展势头强劲,传统阅读受到了前所未有的冲击。所幸由于传统纸质出版物的阅读舒适性是数字出版物所无法替代的,加上固有的受众群体尚未全部流失,因此传统阅读依然有较强的生命力,传统阅读和数字化阅读共生共存的局面将长期存在。

（二）阅读形式的改变：浅阅读日渐盛行

深阅读和浅阅读是一对相对的概念，通常以阅读的深度和广度作为区分标准。传统阅读注重的是"精"和"深"，这是古圣先贤留给我们的对读书要义的诠释，相对于深阅读而言，浅阅读是一种兴趣阅读，让人更快地了解缤纷的世界。在经济社会快速发展的今天，人们把获取资讯、休闲娱乐当作阅读的主要目的，表现为信息的快速浏览和内容的即时阅读，而不再是为了提升个人内涵、修身立命。网络媒体、手机媒体、流媒体的出现，则进一步拓宽了浅阅读这一阅读方式。浅阅读的碎片化、流动化、即时化、感官化的特点，使读者在阅读时囫囵吞枣从而失去思考的深度。诚如著名文学评论家白烨所说："阅读的问题，是整个社会的文化环境氛围变化所致，年轻人并非不阅读，而是传统的阅读方式发生了变化，阅读变得快餐化、碎片化、时尚化，变得快而浅。怎么让阅读变成一种精神生活，这是一个综合的工程。"当人们沉醉于通过快速浏览获取信息的愉悦时，潜心阅读文化经典的场景便渐行渐远了。

（三）阅读内容的改变：阅读内容倾向休闲、娱乐

有学者认为，印刷物是思想的媒介，网络则是信息的媒介。传统阅读大多为满足个人学习性目的，通过阅读"精""深"的信息内容提升自己的学习和工作能力。如今，快节奏的生活，高竞争的压力，使人们的阅读需求逐渐改变，一定程度上放弃了学以致用的传统阅读理念，内容转向休闲、放松和娱乐。当前，功利性、实用性需求在扩大，宣泄式阅读、实用性阅读被广泛接受。网络的发展一改人类一直以来面临的信息匮乏的境遇，去中心化的海量信息纷至沓来，快速浏览和即时阅读成为常态。随着人们物质生活水平的提高，人们更关注健康养生、理财、时尚和娱乐类主题，休闲性阅读需求渐成主流。生活类、时尚类、消费类、成功学类等，越来越受读者们的青睐。

二、浅阅读现象解读

浅阅读已经真真切切地开始在阅读领域盛行，冲击着厚重、深邃的传统阅读。"我们完全不必为新阅读方式的出现而感到惊奇和不解，因为人类的阅读历来是随着社会的发展而变化的"。[4]事物的存在必然有其深层原因，我们应客观审视浅阅读问题，从而找出应对之道。

（一）浅阅读昭示着传统社会阅读行为在新环境下的解构与重组

浅阅读所表现出的大众文化特征，是现代快速阅读需求下的产物，反过来，浅阅读的文本又塑造着大众的快速阅读心态，这种回味与思考缺席的阅读，正在被数字阅读推上顶峰。数字阅读是在网络技术快速发展的背景下产生的新型阅读方式，它是网络新闻、博客、微博、电子书等多种阅读形式的统称，它可看，也可听，能满足人们获得信息的全部感官。在这个数字阅读兴盛的时代，阅读环境发生了很大的变化，阅读的内涵与外延在数字传媒语境下不断变化、扩张，阅读行为方式也必将随之发生深刻的变革。当然碎片化阅读并非一无是处，它除了能给人们带来海量的信息、知识和娱乐外，还具有快速、及时、交互以及充分利用碎片时间的优点。然而，当浅阅读一旦有取代主流深阅读的风险时，它的缺乏系统思考、判断能力和容易产生思维惰性等弊端，就不得不引起各方尤其是出版业的重视。

（二）出版业迎合市场的行为助推了浅阅读

商业出版在追求利润方面无可厚非，因为消费意义上的文化传播实际已经形成，而且越来越走向快餐化、娱乐化。但出版社过分追求销量和利润，一味迎合大众趣味，自动放弃文化传播中的历史使命，这在很大程度上助推了浅阅读的蔓延。"出版由宣教为主导的功能转向了迎合读者口味文化的消费功能，出版就由事业变成了产业经营"，[5]在消费主义大旗的摇撼下，大众文化生产开始学会吸收有消费潜能和娱乐价值的资源，人们的感情、隐私、人际关系等就成为文化消费的内容，就像尼尔·波兹曼在《娱乐至死》中所言："一切公众话语都日渐以娱乐的方式出现，并成为一种文化精神。"在这个过程中除了网络和数字平台外，不可否认，出版业片面迎合市场的行为同样起了推波助澜的作用。出版的过度商业化导致了出版的庸俗化，而出版的庸俗化则最终导致了阅读的功利化和世俗化。另外，图书价格的提高，也在一定程度上把读者推向浅阅读。

（三）浅阅读日渐盛行的趋势令人担忧

阅读是一种文化传承的在场行为，[6]它是指阅读主体一定要深入到阅读内容中去，并对阅读内容进行感知反思的共时空的行为，这里的阅读是指信息升华为思想、文化交流的传承手段，它强调阅读主体与客体在同一场域的交互作用。阅读并非只是单纯的信息接受，它还应有思考质量和深度，应该成为精神生活的一部分。阅读与思考紧密相连，而思考不仅仅是对信息、知识的索取、分析和利用，还包括它对思想的认同或消化，以及对文化的积累和沉淀。[7]浅阅读中的阅读作为一种文化传承的在场行为明显缺席，为快速获取信息与愉悦，受众顾不上对阅读价值和意义进行思考，久而久之，大众容易陷入消费主义和享乐主义的误区。

三、编辑的调适策略

大众阅读是一项综合性的工程，需要建章立制，需要全社会的发动与参与。2013年全国两会期间，115位政协委员联名签署并提交了《关于制定实施国家全民阅读战略的提案》，明确提出了"由全国人大制定《全民阅读法》，国务院制定《全民阅读条例》"的建议。建议认为，为全民阅读立法，就是以法律法规的形式将推动全民阅读工作纳入法制化轨道，确定政府为促进全民阅读的责任主体。编辑作为文化传播的把关者和守门人,在引导大众阅读方面扮演着重要的角色。编辑应直面当前阅读态势,作出相应的调适,努力为大众阅读提供更好的精神文化产品,进而提升国民阅读的质量和水平。笔者以为,编辑的调适策略可从以下三个方面进行考察。

(一)主动选择深度阅读,强化编辑的文化自觉与把关人意识

现代生活的快节奏模式,已经让越来越多的人丧失了静静地读完一本书的欲望,零碎时间阅读导致阅读也变得碎片化,编辑个体也不例外。"己欲立而立人,己欲达而达人",编辑自身若不选择深度阅读,是没有理由劝人认真读书的。在出版实践中,脱离深度阅读的编辑还是有一定的比例,"如入芝兰之室,久而不闻其香"说的就是这一类人,仅靠最初的专业知识,没有及时更新自身的知识结构,必然导致编辑内涵匮乏、技术手段陈旧,直接影响所编辑出版物的文化含量。编辑的文化自觉是在文化传播中所体现的一种文化主体意识,包括自觉的文化反省、自觉的历史担当、自觉的兼容并蓄和积极的自主创新等。在浅阅读的背景下,编辑人员不能将自己混同于一般的文化受众,而应自觉承担起历史文化传承和现代文化创新的社会责任,仅有信息广度的涉猎是远远不够的,主动进行深度阅读和思考是编辑必须具备的品质和素养。[1]编辑出版业是实践性很强的领域,但更注重知识的创新与运用。在海量信息时代,"无论媒介信息来源多么可信,对待媒介信息都应持批判态度"。[8]编辑需具备的质疑、独立和理性等品质,更离不开深度阅读的熏陶与补给。在海量信息充斥的今天,从量的角度上说,编辑必须对传播的信息数量进行筛选、控制;就质而言,编辑必须实施价值判断,根据编辑个体的立场、经验和出版机构的需求、理念对所编辑的内容进行把关。出版既是一种产业,又是一种事业,都离不开对内在文化品质的自觉追求和文化精神的导引,编辑必须承担起一个民族的文化积累、传播和建构创新的使命。

(二)积极倡导深度出版,营造全民阅读的良好氛围

出版与传媒虽同属一个管理机构,但承担的职能却相去甚远。传媒更多的是满足业余性和当下性,注重快速地获取信息且不乏娱乐性;出版更强调其专业性,饱含人类智慧与思想、经验与成果。就阅读整体而言,出版业应是关键,引导整个阅读方向;而传媒则是更多地利用媒介手段丰富阅读市场。真正意义上的阅读是人们精神文化生活的一个重要组成部分,事关受众深层次的文化和心理需求,是阅读那些富有内涵、易引起思考的文字,从而实现精神生活的一次次飞跃。因此,深度阅读是对于出版物精神内容的直接诉求,出版主体能否推出符合这一精神诉求的图书,取决于出版文化信息内容的质量,而编辑就是掌控质量的关键角色。编辑们在进行选题策划之时,应时时刻刻提醒自己肩负着传播文化、启迪新知的出版使命,他们的职责就是帮助受众预先选择深度阅读内容,使受众免去从海量信息中遴选有效信息的过程,从而可以更集中时间投入到深度阅读中。编辑要善于通过书目推荐、书评等方式,将那些优秀的作品推荐给读者,为读者所知,而不被淹没在图书的海洋中。"编辑塑造着出版物,出版物塑造着民族的性格",[9]编辑出版的最根本含义首先是传播和保存人类思想和文化中的精髓及有前瞻性意义的部分,编辑的文化结构、审美情趣、价值取向等因素影响着对文化产品的选择,进而影响整个阅读环境。出版业只有从迎合市场转向引导市场,才能真正体现编辑的文化操守和责任担当。

(三)善于借力媒介融合优势,创建新技术条件下新的阅读方式

媒介融合是指不同形态的媒体为了最大化地获取传播效果而实施的既发挥媒介自身特长又功能互补的综合开发、利用媒介资源的运作模式。[6]在阅读领域,传统与时代的融合,纸质与数字阅读共存是阅读的新趋势,编辑出版要从读者受众的角度出发,充分认识到媒介融合的力量和跨媒介传播的优势,

以适应读者受众在阅读获取方式上的主动性、灵活性和综合性。以内容为核心的传统图书出版资源优势在于拥有出版物的内容及其版权，可以利用这些优势对出版内容进行整合和优化，针对媒介融合中各媒介载体的不同特点，推出丰富多彩的数字出版物，充分体现内容价值的最大化。可以充分利用图书与网络、影视逐渐融汇的趋势，将目光锁定在图书市场链条上，以实现出版价值链的拓展。如小说《非诚勿扰》以图书、网络、手机阅读、电子书等多种形式同步出版，《孔子》的纸质图书由中华书局、中文在线、中国移动阅读基地、汉王公司等多种渠道同步发行，这些媒介融合的高调行为，成为出版界的关注热点。媒介融合时代要求编辑素质要从单一型向多媒体复合型转变，而编辑要认真思考和研究如何与年轻一代受众对接的问题，要思考在保证出版质量的前提下，借力新媒介、新媒体，把出版精品放到不同的传播介质上，以拓展深度阅读的想象空间，实现出版新的模式。[1]编辑应该关心数字技术在出版业的广泛运用，关注数字技术带来的传播方式的巨大变化，探究数字技术是如何改造并创新人们阅读载体、阅读形式和阅读内容的。文化使命、职业理想和商业智慧是传统出版时代编辑的驱动力量，那么在数字时代，驾驭数字技术、掌控资本意志和唤醒创新人格则是编辑创新精神的具体体现。

著名作家梁晓声曾说："巴黎是一个非常老旧的城市，但是在巴黎任何的细节上，地铁上、商店里、咖啡厅里，到处可以看到捧着书卷的人，这就是那个城市的气质。"当中国这片古老的土地，真正开始崇尚阅读、崇尚理性、崇尚思考，重新漫溢书香的时候，这其中定是凝聚了编辑们无数的智慧与心血。

参考文献

[1] 张文鸯."浅阅读"时代编辑的坚守与应对[J].出版科学,2012(2):29-31.

[2] 周怀宗.作家刘明清:国民阅读率令人堪忧[N].北京晨报,2014-01-23.

[3] 第十次全国国民阅读调查:国民综合阅读率下降[EB/OL].(2013-04-18)http://news.china.com.cn/live/2013-04/18/content_19580548.html.

[4] 李冰.阅读新趋势:实现传统与现代的融合[N].中国图书商报,2007-08-28.

[5] 李思屈.传媒产业化时代的审美心理[M].杭州:浙江大学出版社,2008:78.

[6] 南长森.阅读识别身份:数字时代阅读方式变革与文化身份认同研究[J].新闻传播与研究,2010(2):69-75.

[7] 郝振省,李威.中国阅读:全民阅读蓝皮书(第二卷)[M].北京:中国书籍出版社,2011:336.

[8] 斯坦利·J·巴伦.大众传播概论:媒介认知与文化[M].刘鸿英,译.北京:中国人民大学出版社:2005:58.

[9] 张西山.学刊的生命与编辑的使命[M]//张西山.编辑的文化视界.北京:人民出版社,2007:59.

(成稿于2014年3月)

编辑客体探索

影响期刊编辑风格形成的主客体因素分析

一、期刊编辑风格概述

风格一词最早用来指一个人的风度品格和气度作风。刘勰在《文心雕龙》中,用风格来表示文章的风范格局,从此开了中国文论之先河。在文学研究领域,通常把风格定义为通过作者一系列作品反映出来的作品内容与形式统一的独特性,是作者创作个性刻在作品上的印记。诚如严羽在《沧浪诗话·诗评》中所言:"太白有一妙处,子美不能道;子美有一二妙处,太白不能作。子美不能为太白之飘逸,太白不能为子美之沉郁。"不同的生活道路和思想经历,造就了诗人不同的性格气质,创作出飘逸和沉郁两种风格迥异的诗歌。

独特的风格是期刊的生命力所在,是编辑主体在编辑活动过程中逐渐形成的一种特色。期刊编辑风格是编辑实践中表现出来的相对成熟、相对稳定的个性与特色,是编辑思想通过独特的艺术形式展示出来的惯性表现,也是编辑主体在作品中反映出来的基本特色。[1]154 期刊编辑风格有广义和狭义之分,广义的编辑风格可视为整个编辑主体包括主编、编辑、期刊机构在其编辑实践活动中所表现出来的鲜明而独特的风格,对于形成编辑风格起着最直接的作用;狭义的编辑风格可视作编辑个体在编辑实践活动中所表现出来的个性与特点。"诗必成家,而后可以言格",从艺术的角度看,鲜明独特的风格,是创作者个人独创性的集中体现,是他们创作趋向成熟的重要标志。延伸到期刊上,也是同理。期刊的编辑风格就是期刊编辑主体独创性的集中体现，是期刊编辑主体成熟的标志。作为有鲜明编辑风格的文化产品的期刊，蕴含着精心编辑期刊的编辑主体的才情、学识和品性，是编辑主体的编辑思想、编辑艺术和编辑方法的成品化展现。

和艺术创作的风格一样，期刊编辑风格的形成不可能是一蹴而就的，都需要一个渐进的积累和发展过程，从最初稚嫩的甚至是模仿他人的踯躅而行，到逐渐寻找到属于自己独特个性的编辑活动过程，最终形成自己的编辑风格。编辑主体在追求风格之路上，经历了从自发到自觉的过程，编辑主体长期自觉追求才造就了期刊编辑风格。而期刊编辑风格是相对稳定、一贯的，是编辑思想通过期刊展现出来的惯性表现，因此风格一旦形成，意味着相对的成熟与稳定，则是具有一定的稳定性和连续性。

二、影响期刊编辑风格形成的主要因素

（一）编辑主体因素

编辑主体的界定，在学界有比较一致的认识，一般是指作为个体的编辑和在一定组织形式下作为群体的编辑，即编辑集团。期刊编辑风格是编辑主体孜孜以求的目标与方向，独特的编辑风格是编辑主体思想成熟的标志。编辑风格不是与生俱来的，需要编辑主体的不断摸索与实践，逐渐从稚嫩过渡到成熟，完成从自发到自觉的升华，从而以独特鲜明的个性特色立于期刊之林。

1. 期刊性质。期刊性质影响和制约着编辑风格。编辑风格的形成往往需要一个较长时间的调整和适应阶段，通常不同的期刊性质具有不同的编辑风格，编辑风格与期刊性质有着某种固定的联系。例如时政性期刊，其编辑风格往往严谨、庄重，不可华丽媚俗、哗众取宠；文艺性期刊，则提倡多样化，在题材、表现形式上可以进行大胆的尝试；学术性期刊，则定位在"学术"两字上，其价值主要体现在创新性、探索性和学术性上，强调编辑活动的技术性和规范

性。期刊的定位是期刊形成编辑风格的前提,找准定位后,有鲜明特色的编辑风格便成为期刊出版是否成功的关键,而期刊的风格事实上便是编辑风格的集中体现。独特的编辑风格又使期刊自身的定位更加准确、鲜明,并使编辑思想得到充分的贯彻,充分展示期刊特色。期刊的定位与编辑风格之间是一种辩证关系,互为依存,互相促进。

同一期刊的定位也是可以有变化的,因此特定时期所确定的目标和追求,也影响着期刊的编辑风格。当前一些文艺性畅销期刊,发展势头不减当年,就是因为期刊找准了市场和文化需求,及时调整期刊定位,与时俱进,例如,《读者》《知音》等。再如《新青年》,办刊初期主要作为新文化运动的宣传阵地出现,其风格主要体现在反封建和提倡民主、科学上,到后期该刊成为中国共产党的理论宣传刊物,其特色是宣传马克思列宁主义和中国共产党的方针政策。而同样作为学术性期刊,所表现出的编辑风格也各有差异,有些重视纯理论分析,有些偏重于个案分析,如《咬文嚼字》等。

2. 编辑个体的个性特征。编辑个性特征是指编辑个体在编辑活动中体现出的个性心理特征。编辑风格的形成主要依靠的是编辑主体的实践活动,编辑的理论修养、心理品质、知识结构、思维习惯、业务水平和能力等都应富有个性色彩。编辑的个性特征集中体现在编辑活动的整个过程,主要表现为编辑个体基于自身的思想和知识结构形成的独自的编辑个性,如对某些内容的情有独钟,对某类作品形式的特别欣赏;对选题独到的理解与判断;对读者群的个性化理解;弱化常规性思维定式、发挥创造性思维;等等。鲜明的个性特征体现在文化产品中,或以科学实用、鲜活新颖见长,或以朴实独特、精悍短小制胜,多样呈现,各有精彩。

3. 编辑个体的文化特征。编辑个体的文化特征,包括编辑所受教育的文化知识的积累,生活经验的总结,所经历的文化背景。编辑的文化积累情况决定风格的凸现力量,风格鲜明的编辑一定是有着深厚的文化积累。"成道遑先后,术业赖专攻",凡是不甘平庸的编辑往往在某一领域有较深的功底,了解该领域的研究前沿。不同的编辑主体身上有不同的文化特征,这种文化特征通过编辑活动体现在对作品的认识和判断中。主要表现为作为人的主体意识的人文精神在编辑活动的渗透,如对作品和选题独到的编辑批评、鉴别判断;对新颖别致的选题策划的追求;具有化"平常"为"神奇"的神来之笔;等等。

(二)编辑客体因素

1.作者风格。在期刊编辑活动中,通常把编辑客体理解为两类:一类是直接接受编辑主体作用的作品,因为作品的内容与形式的改变是直接在编辑主体作用下完成的,故而称之为直接客体。另一类则是作品的创作者——作者,相对于作品,称之为间接客体。作品的内容是否优秀,质量是否上乘,个性是否突出,完全要依靠间接客体——作者的创作个性与特色。作者由于生活经历、立场观点、文化素养和个性特征的差异,在处理作品的内容和形式上都各具特色,这就形成了作者风格。

编辑应尊重作者风格,作者风格影响着编辑风格。"无论在任何时候,编辑都不能以自己的写作方式来编这套书。编辑必须学会依照作者的语言、思维和观点来编这本书",[2]编辑的水平再高,编辑风格再鲜明和突出,也不可能代替作者的原作。因此,编辑主体在编辑活动过程中,正确发挥审美批评功能,保持作者原有的风格,是编辑尊重作者的具体体现。当然,保持作者风格并非意味着编辑风格的缺席,编辑风格可以通过对作品的选择和倡导的方式体现出来。在编辑活动的整个过程中,各个环节带上了编辑再创作的烙印,编辑风格已渗透在文化产品的出炉过程中。编辑风格和作者风格相互影响,相互吸收,作者要根据编辑风格的引导修改作品,编辑要根据作者风格进行编辑策划,最终达成某种默契与和谐。

2.读者风格。作者、编者和读者是编辑工作的三个重要元素,从排序上可以看出,编者是作者与读者之间的中介。但编辑这个中介并不是简单地像推销商品一般,只起把作者的作品推销给读者的传递作用,而是编辑已把作者的作品通过加工与再创造,打造成读者需要的具有精神文化产品和物质文化产品的双重属性的期刊。读者是期刊编辑工作服务对象和目的,适应和满足读者需要是编辑的根本任务。读者的阅读需要与阅读风格、消费方式与审美情趣,帮助编辑明确读者的定位与层次,并以此观照编辑风格的形成。如《三联生活周刊》的读者群主要集中在中产阶层知识分子,睿智幽默、观点独到便是其编辑风格的体现;那些寻找感动和愿意感动,想在纷繁中保持纯净心灵的人们是《读者》的读者群,其编辑风格则体现为以人性、人道、善良、美好为标尺,始终坚持"真、善、美"的阳光主题,散发着独特的人文思考的芬芳。

编辑风格受读者风格影响,并不是说单纯地迎合读者风格,甚至向媚俗低头。一味投读者风格所好,丧失编辑的人文责任与"把关人"意识,抛弃了编辑的主体意识,其结果最终会失去读者与文化市场。著名编辑家萧乾主编《文艺》时,一些小报乐于编发所谓的文坛内幕、名人逸闻,以迎合读者猎奇心理。而萧乾则开辟《文艺新闻》专栏。重点介绍文坛新人、新作、新问题、新论争,报道国内外文坛新动态,同时规定不刊登以私人琐事为内容的"文坛消息",让读者了解整个文学界情况,开阔眼界。萧乾赢得了读者的尊敬,成为载入中国新闻史的一位大家。[1]126

3. 社会思潮。特定时代的社会思潮对期刊编辑风格的影响也显而易见。美国社会学家米尔斯说:"出版的真正意义是让一种想法公之于世,交给'公众'研判思考,再酝酿出变化社会的土壤。"社会思潮对不同性质期刊所产生的影响各不相同,相对而言文艺性期刊影响颇多。在近代文艺报刊重点发展期中,除一些纯娱乐休闲、格调不高的刊物外,大多期刊在资产阶级改良思想影响下,提倡"变国俗,开民智",揭露社会现实、抨击讽刺时政,如《小说林》《新小说》等。二次革命失败后,陈独秀苦苦思索,得出了"救中国,建共和,首先得进行思想革命"的结论,而"要改变思想,须办杂志"。1915年,陈独秀主编的《新青年》在上海创刊,旗帜鲜明地反对封建思想、提倡"民主"与"科学"、倡导文学革命,成为新文化运动的主阵地。进入新时代后,时尚类期刊异军突起,时尚作为风向标,其受社会思潮的影响尤为明显,社会思潮不仅在滋生与传播过程中为时尚创造了被认可与接纳的环境,而且其本身就是以时尚的萌芽姿态出现。相比较而言,学术性期刊因有比较明确的出版指导思想,较系统的选题计划,则具有相对的稳定性,受此影响较少。

参考文献

[1] 吴平. 编辑本论 [M]. 武汉:武汉大学出版社,2005:154.

[2] 格罗斯. 编辑人的世界 [M]. 齐若兰,译. 北京:中国工人出版社,2000:5.

(成稿于 2012 年 5 月)

关于高校学报与学术道德建设的几点思考

学报是刊登研究论文和科研成果的综合性学术理论期刊，由高校主办，是高校学术研究的前沿阵地，担负着储存和传播思想理论和学术文化的重任，并以其理论创新服务于社会政治、经济和文化的建设。但是，由于学术体制的不完善，社会大环境的影响，加上学术界自身的浮躁等因素的影响，学术失范、学术不端等有违学术道德的行为也在学报界蔓延，不仅挫伤了广大研究者的学术积极性和创造性，还弱化和异化了学报的自身功能，严重地损害了学术环境，影响了学术声誉。高校学报在传播先进学术研究成果的同时，如何引导学术研究朝健康、科学的方向发展，在提升学术道德中如何发挥应有的作用，是当前学报界应重视的问题。

一、学报自身学术失范现象的剖析

近年来，学术生态环境发生了很大的变化，当不良的学术风气已经成为一种社会存在的时候，学报作为高校综合性学术理论期刊，不可避免地沾染了这种风气，难以独善其身，从而影响了学报的学术性。

（一）投学术期刊评价体系所好导致的学报失范问题

当前，学报最关注的是北京大学的《中文核心期刊要目总览》、南京大学的

《中文社会科学引文索引》和各类学术期刊的文摘报刊等。这些学术期刊评价体系大多是由民间组织的，并不十分科学、客观、合理，如北大核心期刊要目设立的初衷是为了解决馆藏文献的选择问题，用于评价学术成果，属于标准滥用。但是这些评价体系当前被高校视为评价学术成果的质量标准，这是导致学报失范的重要原因。

目前，我国学术界的学术评价制度和职称评定制度都要求研究者个人必须在学术刊物，尤其是在核心期刊上发表一定数量的论文。职称评定、岗位聘任需要有核心期刊文章，课题结题、获得学位也需要在核心期刊上发表文章。在论文的评价上，核心期刊俨然成了尚方宝剑，拥有生死予夺的大权。参与遴选核心期刊的几个单位，并没有通过严格的论证和官方的组织，评价标准也是各成体系，但是却在社会上尤其是在高校中产生了很大的影响。从现状看，是否被划为核心期刊，已经成为判定学报学术质量的分界线，甚至可以说关系到学报的生死存亡问题。对此，学报所在的高校领导在意，投稿作者在意，读者也在意。一家学报如果被划为核心期刊，就意味着这个刊物可能进入了良性循环，从相关稿件数量、质量到由此产生的社会、经济效益，进而关系到所属高校的整体发展。反之，学报则有可能被打入发展的死胡同。

在这样片面的学术评价导向下，一些学报的目光都聚焦在为进入核心期刊的努力中。由此产生的一系列的失范行为就不足为奇了：跑关系、走后门，为入选核心期刊牵线搭桥；把预估文章能否被引用和被转载作为重要考量指标；编造虚假的引用率和影响因子；等等。

（二）追求经济效益导致的学报失范问题

一个普遍存在的问题：学报对作者收取版面费。对此应一分为二地看待，国际上通行的做法是学术刊物基本上收取版面费。作为高校主办的学术刊物，学报本应该有充足的运营经费，但现实并非如此，这个问题应从高校领导的决策视野上去分析。有些高校领导比较重视学报在学校科研发展中的影响，安排较充分的经费，为学报运营和发展提供了良好的经费保障。而在部分高校的领导的眼里，学报本身就可以采取市场化运作，不予经费或者给予甚少，把学报直接推向市场。高校学报对少数优质稿件不仅不收版面费，还支付较高的稿酬，以吸引优质稿源，这样的方式是值得称道的。

既然是可以收取版面费，那么在度的把握上就难免产生了问题。一些粗制滥造、拼凑而成的文章需要发表，作者不惜高金支付；当然也不乏另一些有名望的作者，为了课题结题，把应付而成的论文拿来发表，因为对他们而言，课题经费本身就可以支付稿费。当学报把对学术的敬畏之心置于脑后，不惜成为敛财的工具，其学术质量就可想而知了。

（三）编辑工作松懈导致的学报失范问题

长期以来，高校学报与投稿作者之间是缺乏交流的，一些信息得不到及时的反馈。学报对于作者的来稿，大多采用类似"霸王条款"的免责声明：来稿三个月内未收到本刊录用通知，作者可自行处理，来稿一律不退，云云。这样就在一定程度上助长了一稿多投、重复发表的现象，此类失范学报应负很大的责任。"编辑是精神文化产品的把关人，科学知识的传播者，人文精神的守望者"。[1]学报编辑如果没有较高的职业道德水准和扎实的专业素养，禁不起物质利益的诱惑，不仅不能做好编辑工作，反而容易陷入学术腐败的泥淖，纵容不良学术风气的滋生蔓延。当人情稿、收费稿大行其道时，必然会大量呈现粗制滥造、低水平重复的论文，严重影响学报的学术质量。

二、学报学术功能定位的匡正

"学术自古以来即是一项神圣的志业，学术不仅指专科的学问或知识，也指学者的品质与特性"。[2]"学报在学术界有多大的影响即学报在多大程度上推动学术进步，是决定其发展空间的根本"。[3]学报只有坚守学术性，才能弱化功利主义和实用主义，真正发挥学报作为学术期刊的学术功能。但是，方方面面的非学术性因素干扰着学报的学术性功能,如职称评定需要、科研量化需要等。当学报沦落为纯功利实用的服务功能的时候,它的生存发展就显得岌岌可危了。匡正和强化学报学术功能,变得非常急迫。

(一)学报的学术文化传播功能

学报的广大作者群体是高校的教学科研人员,学报为学者们提供了学术思想交流的平台。这些专家学者是知识创新的主体,当他们在科学研究中获得新发现,取得新成果的时候,学报要创造条件给予他们支持,以最快的速度予以发表,传播、推介最新的学术文化。学报要传播学术文化,就必须要有学术特色,有特色才有学术的生命力。"很多时候,高校学报办刊人忘记了自己是在经营着一种丰富的媒体,和报纸、电视一样对社会的文化和其他方面产生着影响。不论受众的多少,高校学报面临着吸引读者眼球的挑战。如果想要得到某人的注意力,就必须用某种不同于一般的有价值的东西去交换。对高校学报而言,这个有价值的特别的东西就是学报的学术特色。建立高校学报的学术特色是学报能长久生存于学术期刊的唯一出路"。[3]一些本来名不见经传的高校学报,由于在发展特色中狠下功夫,渐渐地成为知名学术期刊。

(二)学报的学术鉴审评价功能

学报是高校各学科领域最新成果的集结地,学报刊登学术产品,应有一套严格的遴选制度,有一定的选择标准,学报的学术鉴审评价功能不容忽视。"公正、客观地评价研究者的学术成果,维护研究者的科学发现优先权,并给予其相应的名誉和地位,是学术期刊得以正常运转的起码保证"。[4]学报审稿是一项严肃的、需要高度责任感的工作,对作者来稿的选择上,学报编辑的初审是第一道关。但是,学报编辑的专业视野是有局限的,不可能全部决断本专业学科的研究成果,更不可能决断其他学科的学术论文,必须邀请相关学科专家审稿。关于学报的审稿制度,教育部有明确的要求,指出有条件的学报要实行同行专家的双向匿名审稿制度,切实保证审稿的科学性和公正性。实行双向匿名审稿制度,是高校学报与国际学术期刊评价接轨的一个重要举措,在抵制人情稿、关系稿上的作用功不可没。在此,审稿制度要严格按照规定执行,编辑人员的责任感与求真公正的职业态度至关重要。

(三)学报的学术文化创新功能

目前高校学报的数量比较可观,但是其影响力却相对微弱,甚至有人认为中国高校的学报和出版社是"学术垃圾的生产地",数量可以大大消减。究其原因,还是因为学报刊登的学术论文缺乏领先性和前沿性,缺乏学术的创新性,多的是低水平重复,甚至是剽窃抄袭的论文。高等学校是专家学者、学科精英的聚集地,是知识创新和学术研究的前沿阵地。这些科学研究人员总是在吸取已有的知识精华的基础上,不断创造出新的科研成果。他们在自己的学术成果中,力求在材料上有新的发现,方法上有新的突破,观点上有新的立意,研究领域上有新的开拓。然而,学术生态环境的恶化,也影响着学报学术文化创新的根基,影响创新功能的发挥。高校学报的编辑活动的实质是创新,编辑的主体劳动也是一种创造性的劳动。如果始终抱着宁缺毋滥的原则,学报是可以做到刊登精华,剔除糟粕的。

三、学报遏制学术不端的措施

学术不端行为是指"在科学研究和学术活动中的各种造假、抄袭、剽窃和其他违背科学共同体惯例的行为"。[5]学报的编辑出版是学术文化传播的中介环节,但同时又是学术失范、学术不端行为形成和最终出笼的必经途径,因此在这个环节构筑强有力的"防火墙",建立起一套遏制学术不端行为的机制和措施,是学报为提升学术道德建设发挥作用的重要手段。

（一）加强学术道德教育，发挥学报编辑的学术道德引领作用

学报作为高校的学术期刊，应该借助高校这个母体，加大宣传力度，明确学报对学术不端行为的态度和采取的措施，不让学术投机者以侥幸的心理蒙混过关。有一些学报联合发表了抵制学术不端的声明，并且通过很多载体向投稿作者传达这一信息。当然，要有效抵制学术不端行为，学报编辑队伍的学术道德引领作用是最为关键的。编辑们只有对自己所从事的出版事业和学者们的学术研究抱有敬畏之心，才不会认为编辑工作只是简单的编辑加工和出版，而是自觉地通过选择、加工、出版学者们的作品来积累学术文化精华，并以此影响和推进学术繁荣。众所周知，几乎所有获诺贝尔奖的科学成就是多年以前的研究成果，而且往往都是因为在某一两本杂志上发表的一两篇具有原创性的论文而获奖的。这些刊物之所以会刊登这些史无先例的原创性文章，完全是由于刊物的编辑不以自己的水平去判断作者的思考，不以自己的好恶去取舍作者的研究，不以自己的知晓去求证作者的结论，更不以作者的名气来决定文章的命运。而是根据文章的内容及其对未来可能产生的影响来确定是否登载。有时甚至是凭直觉：不看自己懂不懂，而是看自己信不信的情况下决定登载的。[6]

（二）借助网络科技手段，发现和识别学术不端行为

随着科技的发展尤其是网络信息时代的到来，学报编辑面临着许多新的情况、新的问题和新的挑战，需要不断地学习，谋求发展与变革，以应对层出不穷、变化多端的学术不端行为。当前学报运用最为广泛的是诸如社科期刊学术不端文献检测系统一类的科技手段，通过对投稿文章的比对，能够比较迅速地发现抄袭、剽窃、篡改、一稿多发等学术不端行为，较好地起到了预防不当行为的作用。与此同时，越来越多的作者获知学报拥有这个"秘密武器"后，也在一定程度上抑制了投稿人的投机行为，将学术不端行为扼杀在萌芽状态。

和其他刚投入运用的科技手段一样，学术不端检测系统也有一定的局限性。如收录文献库虽然可以说是包罗万象，比较全面，但是由于无法涵盖全部

出版物,所以学术不端行为依然可以钻技术的空子。因此,编辑们的网络查重、查新意识和实践就显得非常重要,这在一定程度上弥补了检测系统的不足,如可以利用搜索引擎进行查找,也可以进入一些相关学术的专门网站进行查找。总之,只要是有学术不端行为的,多少会在网络上找到一些蛛丝马迹,关键是编辑要做一名有心人。

学术风气的改善和学术评价体系的改革,必然会经历长期而艰难的过程。高校学报作为学术事业的重要组成部分,对于净化公共学术环境,维护正常的学术生态,倡导优良的学术风气,促进学术事业的健康发展,承担着不可推卸的责任。

参考文献

[1] 张文鸯.学术期刊编辑的理想人格刍议[J].宁波大学学报:人文科学版,2010,11(6):113-115.

[2] 梁治平.学术·思想·"文化霸权"[C]//邓正来.中国学术规范化论文集.北京:法律出版社,2004:57.

[3] 曾新.高校社科学报学术功能异化极其破解之道[J].中州学刊,2010,5(3):249-253.

[4] 李法惠.编辑在学术评价中的道德引领[J].中国出版,2010,(2):15-17.

[5] 董宏达.解决学术不端行为不能仅靠道德规范[EB/OL].(2007-03-25)[2011-01-25].http://www.china.com.cn/review/txt/2007-03-25/content_8007702.htm.

[6] 邹韦书.诺奖启示我们如何打造世界顶尖学术刊物[EB/OL].(2006-01-17)[2011-01-25].http://www.tianya.cn/publicforum/content/no01/1/213447.shtml.

(成稿于2011年5月)

高校学报编辑权力与作者权利关系的异化及重构

一、引言

权力和权利有着悠久的历史渊源,两者被广泛使用却又为大众所模糊。权力是一个政治概念,一般是指有权支配他人的强制之力,它总是和服从、压力联系在一起。而权利既是一个法律概念,指赋予人们的权力和利益,即自身拥有的维护利益之权;同时也可以看作是一个政治学概念,即权利是个人主义观念兴起的产物,"当世俗个人主义和自由意志主义成为权利概念的理论基础的时候,也就是现代权利概念诞生的时候"[1]。权力是基于权利的基础上产生,两者的主体是相对的,但它们同时又是一对统一的关系,它们从本质上都主张维护自己的利益,对资源进行有利于自己的分配,并且都有扩张性的要求。

高校学报是高等学校主办的、反映本校科研成果为主的学术理论期刊。在高校学报整个编辑出版流程处理的业务关系中,编辑和作者是一对最直接、最重要的关系,他们之间应该是"一种同志加朋友的信赖、默契配合,具有文化行为的出版工作关系"[2],但在实际工作中,这对合作与互助的关系会有矛盾,甚至涌动着交锋。编辑权力和作者权利的关系处理就是这种矛盾的集中体现。

一、高校学报的编辑权力与作者权利

学报的编辑权力主要是指学报编辑在出版过程中的一种支配力量，它具有一定的社会性，这种力量通常可以决定和支配编辑对象——学术成果的不同命运。在编辑实践活动中，可支配的编辑权力涉及多方面，笔者在此将它们归纳为三类：编辑裁决权、编辑修改权和编辑把关权。编辑裁决权是指编辑根据学报的选题、栏目以及稿件本身的质量，决定稿件取舍、退留；编辑修改权是指编辑根据专家审稿意见和学报格式规范，要求作者修改或者编辑直接修改拟录用的稿件；编辑把关权是指编辑对稿件正式出版前的全面的把关和负责。编辑权力从本质上说是一种学术权力，它贯穿在学报编辑出版过程的始终。

作者权利是指作者作为著作权人享有的发表权、署名权、修改权等著作人身权利和著作财产权利。发表权是指作者享有将学术成果公布于众的权利，当然它隐含两方面内容：一是发表作品权，包括何时、何地、以何形式发表；二是不发表作品权，指作者有不公开发表作品的权利。作者向学报投稿，表明其行使发表作品权利，指的是上述第一种情况。署名权是指作者享有在自己作品上署名的权利，同时包括不允许他人署名的权利。修改权是指作者对自己的作品享有修改和授权他人修改的权利。

编辑权力和作者权利的并行不悖，为学报的整个编辑实践流程的顺利进行提供重要的保障。但现实中由于编辑权力和作者权利的各自权责不是非常清晰，学报编辑的编辑权力在与作者权利的博弈中处于强势地位，呈现出较强的扩张性。与此对应的作者权利，由于发布学术成果渠道相对稀缺等原因，则趋于弱化。编辑权力与作者权利之间经常会弹出不和谐的音符，甚至走向异化。

二、扩张与弱化:异化的高校学报编辑权力与作者权利

(一)高校学报编辑权力的扩张

高校科研工作量化考核已经成为常态,相对于众多的科研工作人员而言,学报等学术期刊的数量有限,高级别的核心学术期刊更是稀缺。科研成果发表平台的相对短缺,以及相应的监管机制的缺席,使学报编辑权力在一定程度上得以膨胀和扩张。高校学报编辑权力的扩张主要表现为:

1. 编辑权力个人化。对于作者的投稿,学报编辑通常负责初审的环节,经过初审的遴选,稿件方能送至相关专家进行评审。初审的遴选标准是多方面的,如从出版的专业角度对稿件的学术价值和文化价值进行审查、判断,从文字、逻辑、结构、体例和规范角度对稿件进行全面的审读。编辑对稿件的取舍具有"生杀"大权,编辑个人的专业倾向和兴趣是实施其独立裁决权的重要依据,兴趣不同,看问题的角度也就不同,审读中的个人化倾向和随意性加大。少数编辑人员工作作风刻板生硬,反馈沟通时对作者缺乏热情甚至缺乏尊重,加深了作者对编辑权力个人化的印象。编辑权力个人化还表现在稿件编辑过程中,不经作者同意随意对内容的不恰当修改上。

2. 编辑权力唯名化。编辑权力唯名化一方面体现为对有名望、资格老、作品多作者的崇拜。为了提高引用率和转载率,少数编辑人员过于追求名人效应;另一方面体现为对名不见经传、年轻、资历浅的作者怀疑,对他们的作品直接拒之门外或者"乱砍滥伐",在某种程度上削弱了学报的学术创新水平。

3. 编辑权力商品化。市场经济大环境下,编辑权力商品化现象也时有发生。部分学报为弥补经费投入的不足,向作者收取高额的版面费;更有甚者,为提高引用率,采取几家学报相互引用的方式,达到所谓的"共赢",而编辑则从中赚取一定的费用。编辑权力的商品化,伤害了作者的感情,最终也影响了学报的声誉。

（二）高校学报作者权利的弱化

随着高校学报编辑权力膨胀和扩张，相应的作者权利在趋向弱化。作者权利弱化主要体现为：

1. 作者权利被动化。各家学报的稿约大多强势地表明：有权对文章进行修改；三个月或者更长的审稿期限；等等。作者投稿后，只能采取被动等待的方式，期待幸运之神降临，期限到了才诚惶诚恐去询问。个别学报事先不给作者发送录用通知，而在一年半载后刊登了稿件，造成了作者一稿多用的不良后果。另外，还出现根据需要改变作者的署名顺序、没有经过作者同意而对稿件进行大幅度修改等情况。

2. 作者权利顺从化。编辑在需要修改稿件之前会和作者取得联系，但若是作者坚持自己的观点不愿进行修改，那么其结果可能就是退稿。在这种情况下，作者若想顺利发表自己的作品，大多采取顺从编辑意见的态度，甚至委曲求全，改变自己的学术风格。在署名问题上也存在着同样的问题。

3. 作者群体狭窄化。学报是高校展示本校教师教学和科研成果的一个窗口，学报的这个定位使得作者群体大多局限在本校教师和科研人员上，随着科研评价体系的进一步推广，那些科研能力相对较弱的年轻教师都将发表作品的期望寄托在本校学报上，加上学报本身对校内外稿件用稿比例的约定俗成，学报的作者群体呈狭窄化态势。

三、互动与平衡：高校学报编辑权力与作者权利关系的重构

编辑和作者是一对互相依存的关系共同体，编辑组稿与作者投稿是高校学报编辑出版中的永恒主题。没有作者就没有学报，没有高水平的作者就没有高质量的学报。同样，要没有学报等载体为学术成果提供发表平台，作者的学术成果也永远只能是"养在深闺人不识"，失去其传播价值。选择和刊登高

质量的文章，传播有价值的学术信息，最大限度地发挥学报传播学术文化的功能，是学报编辑的重要使命。在处理、协调编辑权力与作者权利的关系上，互动与平衡是现实的选择。笔者以为，重构学报编辑权力与作者权利的关系，可从以下几方面入手：

（一）珍惜作为重要出版资源的作者队伍

学报编辑活动存在主、客体之分，作为编辑出版直接实施者的编辑是编辑活动的主体，而接受者就是编辑客体，学术作品和作者构成了直接客体和间接客体。因此，编辑和作者之间存在着主客体关系。编辑主体工作必须依靠学术作品这个直接客体，而学术作品的量多质优，则完全依靠创造力丰富的间接客体——作者队伍。优秀的学报必定要拥有一支稳定的、高水平的作者队伍，以保证学报的学术水平；同样，优秀的学报编辑是不会不珍惜作为重要出版资源的作者队伍的，要保证出版成果的卓尔不凡，优秀的作者是其坚强的后盾。为此，编辑首先要尊重作者，这是编辑必须遵守的一条重要原则，"无论在何种情况下，编辑都必须牢牢记住，双方所讨论的这部作品是由作者所撰写的，必须尊重作者的决定，唯有这样，才是正确而且公平的做法"[3]。其次要广泛联系作者，通过邮件、投稿网络平台等渠道与作者保持联络，不以细小而不为，以一颗诚挚的心去吸引作者。再次是除了重视名家还需扶持新人，以保证学报学术成果旺盛的生命力，作者的新老交替是使学报出版充满生机与活力的重要保证。

（二）构建科学合理的科研评价体系

当前各高校和研究机构，仍然单一地以论文和课题的级别及数量作为职称评定、岗位聘任的重要指标，教师和研究人员将主要精力放在课题申报和论文发表上；加上扩招后研究生数量的不断攀升，学报等学术期刊尤其是一些高级别的核心期刊愈加处于短缺状态。为应对学校的考核评价指标，教师和科研人员各显神通,使出浑身解数,只为能够在高级别的刊物上发表自己的作品。于是,学术腐败现象层出不穷,粗制滥造的学术垃圾放眼皆是,使本应纯净的学术界变得心浮气躁、纷纷扰扰。改变机械的、简单量化的评价方法,构建科学合理的科研评价体系是高校学报编辑权力与作者权力关系协调发展的前提。高校要依据不同科研领域的特点,建立不同类型的评价体系,设立与之相适应的个性化的科研评价指标。要对教师和科研人员进行分工和分类,如根据他们的业务特点分成:教学型、研究型和教学科研兼顾型等,制定各有侧重的工作职责和考核指标。

（三）完善学报编辑出版的监管机制

学报的编辑权力从本质上讲是一种学术权力,为防止其扩张和异化,学报编辑出版过程中的监管机制也很重要。学报要对编辑裁决权、编辑修改权和编辑把关权等作出相应的规定和限制,细化编辑权力,做到有章可循。要加强学报编辑职业道德建设,"编辑的职业道德,从观念上说是建立在对出版编辑这个职业所承担的社会义务和社会责任这种道德认识的基础之上的。由此逐渐形成有关编辑职业道德的种种道德情感,如荣誉感、义务感等；逐渐形成编辑的良心；逐渐形成一种自觉的道德行为"[4]。坚持常态化的选题策划工作,这体现在学报的总体构思上,学报编辑应改变坐等作者投稿的状态,主动出击,科学谋划。坚持科学化的"三审"制度,有效限制编辑对作者稿件的独立裁决权,抑制编辑权力的过度扩张,保护作者的合法权利。要强化法律意识,尊重和保护作者,没有著作权人的授权,不得擅自修改相应的作品,处理好作者文责自负与编辑把关之间的关系；反过来,作者也应理解编辑对作品中常识性错误和文字的修改与润色,虚心接受编辑合理的修改意见,努力提高文章的质量水平。坚持规范化的编辑流程,如开通网络投稿系统,改变作者被动等待状态,让作者通过网络平台动态地了解稿件处理的进程,稿件用与不用,因何不用,一目了然,真正做到退稿不退人。

(四)建立校内协同支持系统

学报是由高校主办的,它的发展必然以高校为支撑,在编辑权力和作者权利关系的处理上,高校校内的协同支持系统必不可少。首先要加大对学报扶持的力度,尤其是在经费投入上给予支持。经费充足了,才能更好地通过发放稿酬、奖励转载等形式吸引优质稿源,提升学报质量层次。其次是提高学报编辑的待遇,这里所指的待遇并不仅仅体现在经济上,更多的是指编辑的工作强度和发展空间。学报编辑作为特殊的脑力劳动者,与同在高校的教师和科研人员不同,"为他人做嫁衣",大都默默无闻,缺少展示自我的机会,高校应该给予其在荣誉评定上的倾斜。在开通投稿处理系统网络化的前提下,高校应允许编辑与教师一样享有在家办公时间,办公机制的灵活能促进编辑的科研水平,增加职称晋升等自我发展机会。

四、结语

编辑权力是与一定的学术职务及其职责相联系的权力,它具有天然的权力支配和指挥他人的属性,但它同时又受到学术研究自由和民主属性的制约,是一种特殊的有限的权力。抑制编辑权力的扩张,作者权利就能相应得到更好的保障,"作者和编辑的合作关系应当是友好的,而非对立的;是共生,而非寄生,说得更简单一些,应该是每一方能为另一方提供助益"。[3]双方的共生共存,互动平衡,才会真正形成有利于学报出版的科学研究信息和知识传播的良性互动局面。

参考文献

[1] 湛中乐,肖能.论政治社会中个体权利与国家权力的平衡关系——以卢梭社会契约论为视角[J].政治与法律,2010(8):2-12.

[2] 龚维忠.现代期刊编辑学[M].北京:北京大学出版社,2007:113.

[3] 格罗斯.编辑人的世界[M].北京:中国工人出版社,2000:4-5.

[4] 韩长友.学术期刊编辑权力异化及其对策[J].中国科技期刊研究,2008(2):284-286.

(成稿于2014年12月)

后改制时代中小规模高校出版社发展路径选择

随着高校出版社转企改制工作的基本完成,高校出版开始进入后改制时代,它们面临的是更为激烈的出版市场竞争。转制之后的中小规模高校出版社在增强自身发展动力、努力开拓新市场的同时,也感受到来自市场与自身原有的困难的双重压力。面对资金、技术、人才、管理等各方面都较自己更为优越的大型出版集团、地方出版集团的冲击与挤压时,中小规模高校出版社如何突破市场重压,走出一条自我发展之路,是本文研究的主要内容。

一、中小规模高校出版社发展现状

中小规模出版社是指年销售码洋在1亿元以下的出版社,在出版业体制改革前由三类出版社构成:一是隶属于中央部委的出版社;二是高校出版社;三是地方出版社。随着出版体制改革的深入,地方出版集团开始不断组建,那些原属于第三类的地方出版社大多已并入大的出版集团,因此事实上的中小规模出版社主要体现为中央部委出版社和高校出版社。而高校出版社在我国出版业的地位和作用非同一般,除了传统出版功能之外,同时也担负着反映高校科研与教学成果的功能,因此其对出版事业和科技事业的繁荣与发展都具有举足轻重的影响。

截至 2010 年，我国高校出版社共有 104 家，约占出版社总数的五分之一。作为教育工作和出版工作的重要组成部分，高校出版社已经从原有的补充地位逐步转向主体地位。2010 年，生产码洋在 1 亿元以下的中小规模高校出版社共计 53 家。[①] 中小规模高校出版社已经成为我国出版领域的一支生力军，致力于为高校和文化教育服务，成为高校继教学、科研之外的第三种力量。但是，相比大型出版社，中小规模高校出版社参与市场竞争有众多的不利条件，如缺乏资金、缺少品牌效应、抵御风险能力弱等。当前，中小规模高校出版社产业属性不明显，有数据显示，70% 以上的年销售码洋未达到 5000 万元；产品结构也单一，以教材和教辅为主，市场图书所占份额非常小，差异化程度低；数字化能力较弱，转型迫在眉睫。已成为市场主体的中小规模高校出版社，要想在市场竞争中求得生存与发展，就必须更新观念，探索新的发展路径。

二、中小规模高校出版社发展环境 SWOT 分析

SWOT 分析，又称为态势分析法或优劣势分析法，其中的优势分析（Strengths）、劣势分析（Weaknesses）主要着眼于企业自身实力与竞争对手的比较，而机会（Opportunities）和威胁分析（Threats）则注意外部环境的变化及对企业的可能影响上。实际上就是将对企业内部条件与外部条件进行综合判断、分析，从而得出企业当前的具体优劣势情况，以及面对的风险、机遇的一种方法。中小规模高校出版社目前虽处于弱势地位，但这不是绝对的，中小规模高校出版社的发展环境，是建立在综合考察中小规模高校出版社的内外部环境的基础上，针对转企改制后它们面临的优势、劣势、机遇、威胁，进行系统评估，这是确定这类出版社发展路径的前提和基础。

---

① 资料来源于《中国高校出版社发展报告 2005-2010》，教育部社会科学司主编，中国人民大学出版社 2011 年出版。

(一)优势分析

中小规模高校出版社的母体是高校,出版社和高校之间的关系密不可分。随着高等教育的迅速发展,规模的不断扩大,使得中小规模高校出版社赖以生存的土壤变得丰厚富饶。主要体现为:高校教材教辅出版销售空间广阔,对高校教材教辅出版政策比较宽松,利润大;高校的学科背景、专业优势为中小规模高校出版社提供丰富的选题资源;高校的教学科研人员,是出版社优质的作者资源。

(二)劣势分析

由于中小规模高校出版社刚完成转制,体制僵化问题未得到彻底解决,有"企业单位事业管理"倾向;"马太效应"影响中小规模高校出版社,发展呈不平衡态势;具体业务统筹不够清晰,存在一窝蜂出版教材教辅现象。

(三)面临的机遇

文化体制改革,尤其是教育部和新闻出版总署明确提出"建设有中国特色的高校出版体制",给高校出版社的发展注入新的活力;出版产业内涵的发展以及全媒体出版模式的推出,拓展了高校出版的内涵与外延;高等教育的发展使受众高素质群体大幅增加,为高校出版多元化图书的研发奠定基础。

(四)受到的威胁

高校出版集团与地方出版集团形成垄断地位,对中小规模高校出版社带来不小的冲击;数字出版的异军突起,使媒介之间的界限模糊,形成新的互动与竞争局面;高校教材建设政策的改革,影响中小规模高校出版社专业教材的推广。

三、中小规模高校出版社发展路径选择

中小规模高校出版社业如何避免与大型出版集团、地方出版社发生正面冲突，发挥其独特优势从而在出版市场上生存和发展壮大？笔者认为，实行差异化战略是现阶段适合中小规模高校出版社自身发展的一个战略选择。所谓差异化战略，是指中小规模高校出版社为获取出版行业竞争优势，通过缜密的市场调研、市场细分和市场定位，在选题、服务、价格等方面形成有利于竞争对手的特色经营模式，为读者带来独特的满足而采取的经营战略。[1] 因此，中小规模高校出版社在市场竞争中，力求做到在某一特定领域里没有强大的竞争对手。为此，未来的出版产品必须定位在满足特定读者对于阅读产品多样性、个性爱好的需求上。中小规模出版社的发展，必须要设立一个特定的目标市场，并集中精力为这个市场目标提供产品和服务，以确立竞争优势和占领市场；而且要有自己独创的内容资源，使之具备不可替代性，从而实现在出版市场上一枝独秀。基于差异化发展战略，中小规模高校出版社的发展路径选择如下：

（一）走专业化出版发展之路，做大做强原有的专业出版

现代出版由三部分组成，即大众出版、教育出版和专业出版。对于中小规模高校出版社而言，在三大出版模式中，最适宜选取的是专业化出版发展之路。这里所指的专业化出版是以学术书籍与学术期刊为主要出版物，以具备高度专业化的编辑为主要从业人员的出版，它是最专、最深、最细分的出版。[2] 从产品、市场和人才的角度看，中小规模高校出版社在专业出版的核心竞争力的开发和利用方面具有天然的绝对的优势。出版社所在的大学母体的学科背景、专业优势、科研成果为出版提供了专业化的选题资源，大学本身的品牌效应为高校出版造就了鲜明的品牌识别度，大学出版具有较稳定的读者群，也有利于建立相对稳定的销售渠道。

中小规模高校出版社适宜走基于教育的出版之路，以教育为基础，以专业

出版（学术出版）为特色的发展之路。2005年10月，教育部高教司下发《关于申报"普通高等教育'十一五'国家级教材规划"选题的通知》，将教材规划"以学校申报为主"改为"出版社申报"。笔者经过统计发现，入选"十一五"国家级规划教材的高校出版社共计88家，教材3756种，其中中小规模高校出版社41家，教材1002种。由此可见，中小规模高校出版社紧紧抓住了教材与学术著作出版的两大主题，并努力做大做强市场。如北京大学医学出版社，入选"十一五"国家级规划教材高达127种，位居中小规模高校出版社之首。截止到2010年，华中师范大学出版社总计出版图书5000多种，出版电子音像产品数百种，其中为本校出版学术著作、大学教材等多达1500种。在"十一五"国家级高校教材评选中，39种图书入选，成为品牌中的品牌。它在基础教育出版领域，更是发挥着重要的作用，一些教辅图书在激烈的市场竞争中始终独占鳌头。该社的"十二五"发展规划确立的目标是要将出版社建设成为国内外有重要影响、教育出版特色鲜明的中等规模出版强社。[3]

（二）走产品差异化发展之路，占领专业化、小众化、细分化市场

在出版领域，出版社的核心竞争力来源于其所拥有独具特色的内容资源，通过策划、出版、营销发行等手段形成与竞争对手的差异，从而消除被模仿和替代，最终占领市场。世界领先的商业战略咨询机构——波士顿咨询公司的创始人布鲁斯·亨德森曾经说过："任何想要长期生存的竞争者，都必须通过差异化而形成压倒其他竞争者的独特优势。勉力维持这种差异化，正是企业长期战略的精髓所在。"[4]中小规模高校出版社在高校大出版社、地方出版集团的挤压下，如何寻求差异化发展，做到人无我有，人有我特，占领大型出版社不易把控的专业化、小众化、细分化市场，是当下发展的必由之路。北京大学医学出版社在出版"护理学本科教材"过程中，做了大量前期市场调研工作，确认了全国每年本科护理专业招生总人数，甚至细化到每所学校的具体人数。同时，收集市场上的同类书籍进行分析和比较，并通过网络调研相关师生对教

材的建议，最终使他们出版的护理教材占领绝对的市场份额。中国矿业大学出版社，面对出版行业的大干快上、规模推进的严峻形势，清醒地认识到不能盲目跟风，坚持"小而专""小而精""小而特"的发展方向，根据优势专业和特色资源，在"煤"和"安全"两方面选题思路上做文章，占领了煤炭大中专院校的教学科研、煤矿职工安全培训、煤炭能源科技进步等方面的市场。[5] 又如厦门大学出版社，利用厦门大学在台湾及东南亚与华人研究方面的雄厚实力，出版了《台湾文献汇刊》《东亚华人社会的形成与发展：华商网络、移民与一体化趋势》等一大批具有标志性的特色图书。该社同时利用厦门大学有培养的广告人才的"黄埔军校"的美誉，出版了《21世纪广告丛书》，经过多次修订和再版，历经20年畅销不衰。[6]

当然，差异化并不意味着一成不变，它是一个动态的过程，昔日的差异化有可能成为今天的大众化。随着市场同质化的日趋严重，中小规模高校出版社如何构建以创新为基础的差异化发展之路，更为关键。中小规模高校出版社要充分利用专业优势，紧抓细分市场和小众市场，求新求变，用不断的创新去适应市场和受众的变化，去杜绝竞争对手的模仿与跟进，才能真正实现出版的差异化制胜。

（三）走多元化发展之路，拓展出版业务范围

多元化战略又称多角化战略，是指企业同时经营两种以上基本经济用途不同的产品或服务的一种发展战略。[7] 转制前，囿于出版管理体制，中小规模高校出版社难以开展多元化经营战略。随着文化体制改革的不断推进，尤其是转企改制后，一些大型的出版集团和大型高校出版社除了继续进行传统书籍报刊出版之外，也开始纷纷涉足动漫、影视等产业，实践多元化发展战略。中小规模高校出版社面临很多的竞争压力，但也具备实施多元化发展、拓展出版业务的有利条件。西南师范大学出版社于2010年12月完成转制后，在产品结构多元化上进行了一系列的调整与创新，形成了"以重大项目为龙头，以

教材建设为中心，以艺术图书为特色，以学术品牌为支撑，以数字出版为创新，以人才培养为根本，以集团经营求发展"的多元化出版理念。中小规模高校出版社虽然在资金实力、品牌影响力等方面不及大型出版社，但是如果能够准确定位，设定清晰的发展目标，充分挖掘自身特色，也可以走多元化发展之路，拓展出版范畴。尤其是一些出版资源比较充足、人力资源比较丰富、企业文化比较自成体系的中小规模高校出版社，更能够把握时机实施多元化发展战略。在这方面，华南理工大学出版社凭借"学术精品立社、多元开拓做强"，为中小规模高校出版社作出了表率，已形成纸质图书、音像制品、电子出版和网络出版的多元化发展格局，并逐步实现出版自动化、信息化、网络化和数字化。

四、结语

在航道的拐弯处，冲锋在前的往往是"小舢板"，这就是所谓的"船小好调头"。中小规模高校出版社只要抓住机遇，明确定位，积极开拓，根据环境的变化和自身的资源及优势，选择适合自己的经营领域和产品，走专业化出版发展之路，走产品差异化发展之路，走多元化发展之路，最终形成自己的核心竞争力，占领市场份额。与此同时，建立灵活高效的现代企业运营机制，构建配置合理的人力资源管理体系，形成有共同价值取向的企业文化，为中小规模高校出版社执行发展路径提供保障，使中小规模高校出版社真正破解行业困局，成为出版业的一枝独秀。

参考文献

[1] 路庆良. 轮转型环境下中国高校出版社的发展路径[J]. 中国石油大学学报:社会科学版,2013(4):23-26.

[2] 蔡翔. 大学出版发展战略研究[M]. 北京:中国传媒大学出版社,2008:159.

[3] 华立群. 华中师范大学出版社改革与发展记略[N]. 中国新闻出版报,2010-11-18.

[4] 卡尔·W. 斯特恩. 公司战略透视——波士顿顾问公司管理新视野[M]. 上海:上海远东出版社,2002.

[5] 王坤宁. 向行业要生存向市场要效益——访问中国矿业大学出版社社长、总编辑于广云[N]. 中国新闻出版报,2010-05-17.

[6] 涂桂林. 厦门大学出版社潜心整合出版资源,打造学术图书精品[N]. 中国新闻出版报,2010-11-09.

[7] 龙玉明. 转制后高校出版社多元化战略选择[J]. 中国出版,2012(18):50-52.

（成稿于2014年12月）

"她阅读"时代女性期刊社会性别意识的阙如及构建

2012年6月，中国新闻出版研究院对外发布了"第九次全国国民阅读调查"初步成果。调查结果显示，我国18~70周岁成年女性综合阅读率为73.3%，低于男性综合阅读率约8个百分点，低于全国综合阅读率约5个百分点。其中，超五成的男性、女性均阅读图书、报纸，而女性阅读期刊的比率高于男性4个百分点，为43.4%。[1]通过数据可以看出，虽然中国女性在综合阅读率上低于男性，但在期刊阅读率上超过男性。正因为此，众多期刊非常关注和重视女性读者市场。20世纪90年代，《时尚》《瑞丽》崛起，老牌妇女类期刊如《中国妇女》《知音》《家庭》等调整战略，重新定位，女性期刊市场形成百花齐放、全面竞争的局面。伴随着激烈的市场竞争，"她阅读"时代已经不知不觉地来临。

一、女性阅读与女性期刊

虽然中国古代一直有女性阅读的传统，但真正意义上的女性阅读是现代产物。今天的女性阅读不同于古代女性那种带有浓厚的贵族化与依附性的、缺失阅读的主导性及个人观念的"精英"式阅读，更注重个体的权利和能力，从而体现出一定的主体性。

"男人读报,女人阅刊",这种行业共识使女性期刊成为期刊市场中举足轻重的类型。女性期刊是指以女性为主要读者对象的刊物,它主要报道女性在社会各个领域的状况,体现女性独有的生活经验,反映女性生存状态并为其服务。[2]在20世纪80年代,女性期刊有过辉煌发展时期,发行量一度独占鳌头,如《中国妇女》《知音》《家庭》等。随着时代的发展,女性受教育程度提高,经济上进一步独立,女性读者的数量大大增加,加之工作、生活节奏加快,内容日益多样化的女性期刊成为女性最喜爱的阅读载体。有研究表明,女性比男性更爱读杂志,每月阅读2种以上杂志的相对比例要高于男性;每月阅读1种杂志的女性占49.4%,每月阅读2种以上杂志的女性占31.5%,每月阅读3种以上杂志的女性占19.1%。[3]女性期刊一般包含以下几个主要类型:文艺小说类,如《花溪》《南风》;纪实类,如《知音》《家庭》;时尚综合类,如《女友》《瑞丽》《佳人》《时尚》等。其中尤以综合类(内容多含情感小说、美容瘦身、生活资讯、时尚潮流)女性期刊为主流,读者群体分布广泛,期刊内容良莠不齐。

二、女性期刊社会性别意识的阙如

"社会性别"一词,由美国人类学家格·如本(Gagle Rubin)于20世纪70年代率先提出,这个概念的提出为西方女性主义研究有很大的开创性贡献。由此延伸而出的"社会性别意识"的概念,是指在承认两性生理差别的基础上,对男女两性具有同等的人格、尊严、权利和发展机会的认识。[4]101 一定的社会性别是与之相适应的社会性别行为取向的起点,准确认识两性平等在社会发展中的作用是将社会性别观念纳入主流的前提,对树立并推进性别平等的观念具有相当重要的意义。对于女性期刊而言,社会性别意识包含对男女拥有的平等的社会地位、充分的社会权利和主体发展自由的尊重,并在这种性别尊重的前提下最大限度地提供"性别关怀"和"性别服务"。

1995年北京世界妇女大会以来,中国女性期刊在倡导女性解放,呼吁男女平权，消除传统观念对妇女的偏见和歧视，维护妇女的合法权益等方面，做了积极的努力和探索，并取得了一定的成绩。但是在当前市场经济的语境下，商业化、消费主义倾向日趋严重，社会性别意识并没有浸润在女性期刊中，相反时时体现出"集体无意识"状态，主要表现在以下几个方面。

（一）女性角色"出场"的定型化和"在场"的缺席

女性期刊以女性议题为主要内容，以传播先进的女性观念和性别文化为己任，服务广大女性读者，但由于传统男权思想和消费主义等因素影响，女性期刊在引领社会性别意识方面不容乐观。女性期刊中女性角色依然未能摆脱定型化的女性叙事描述的窠臼，不同程度带有对社会性别的预设和假想。

定型化的女性叙事描述下的"出场"，以更隐蔽的方式导致社会性别意识"在场"的缺席。女性形象在女性期刊中得到频繁的"出场"机会，成为中心人物，无论是作为描述者还是被描述者。但这些女性形象及其社会性别定位均偏向于私人化、边缘化、琐碎化："女性，要么是男人的妻子、母亲和家庭主妇，要么就是男人的性对象"。[5] 于是，女性期刊的受众，接触得最多的就是下列形象及角色：贤妻良母、女强人和弱者。女性期刊中的这些女性形象往往存在着简单化、视觉化的特点，无疑，这种对女性形象的处理方式很大程度上抹杀了女性在社会生活中作为独立个体的自主性，导致的后果就是女性期刊彻底沦为一种"注意力经济"的产物，为吸引受众而塑造、重现某些特定的"女性魅力"，不断地自我贬低，以至于漠视那些具有女性独立自主意识的个体成员的感受与声音。当女性形象被反复地自我固化，频繁地出现在女性期刊中时，这种行为无疑是"自我放逐"，成为男性话语权与商业行为的共谋，从而导致在独立女性意识传播上的"缺席"。

（二）女性话语介入的矛盾体现

叙事理论的两个核心命题，"一个是故事，也就是说什么人碰到了什么事；

二是话语,也就是说,这个故事是怎样被人讲出来的"。[6] 在此,故事不是最重要的,用何种方式讲故事才是重要的。女性期刊作为大众传媒的一种特殊载体,既要把握导向,宣扬两性平等的社会价值观,又要面向市场。在商业化语境下,它们关注利润,关注商业价值,热衷制造和建构女性时尚话题,借用女性消费形象来向女性受众推销商品,引导她们成为现代时尚的消费主体。女性话语在这里纠结地展现着:一方面体现女性主体的书写与抗争,另一方面是女性主体意识的被利用和消费。具体体现在两个方面:第一,曼妙的身体和他者的呈现。女性期刊的封面女性形象大多呈现为白皙的皮肤、精致的五官和苗条的身材,这些正是男性理想中的美丽女性形象。女性极其完美的外在性注定要成为这个社会的一种形象,单纯追逐一个女人的外在美正是社会文化控制女性心灵和身体的一种主要的策略,女性的身体成为男性欲望的客体和他者,而女性主体意识在"被看"中消失了。第二,主导消费和被消费。引导时尚生活方式,引领时尚文化的流行是现代社会发展的需要,也是包括女性期刊在内的大众传媒传播实践的常态。在市场杠杆的作用下,女性期刊在内容上更多的是提供消费而非供人阐释、让人娱乐而非让人判断的信息,在形式上倾向于没有思想深度但轻松流畅的故事、情节和图片。女性美在消费社会结构中被经济法则所操纵,女性形象成为消费的对象。

(三)女性期刊编辑的社会性别意识缺失

女性期刊作为大众媒介,具有传播社会文化价值观念的重要社会功能。作为把关人的女性期刊编辑是否自觉树立社会性别意识,把女性作为独立主体的积极力量来表现,不仅影响期刊本身的立意高低,还关系到平等和谐的先进性别文化建构。目前,女性期刊"集体无意识"的原因之一,就是作为传播主体的把关人社会性别意识的缺失。把关人的社会性别意识体现在期刊的议程设置、受众定位、言说视角等多个方面,面对不断发展的女性群体,把关人关注的重点议程依然是以男性的眼光审视女性消费、情感、美容等私人领域的话题,从生理属性视角来观察女性,这显然和所要倡导的男女平权观念大相径庭。

很多女性期刊编辑的思维逻辑很难跳出"女性私人化"的禁锢,除了物质化消费,建立私人的小天地,再无其他事物可以追求。在所谓"女性魅力、女性气质、女性精神"的引导下,女性期刊看似超越了所谓"男女平等"的关系,实际上却进入另外一个被商品化、物化了的语境和社会关系中,被消费文化所吸纳,被它的逻辑所消解。纸质传媒、电视、广播、互联网等各种传媒对女性的"关注",只是把女人定位在消费者和消费对象上。之所以"关注",仅仅因为你是潜在的"商业客户",与女性建立的关系只是一种"商业关系"。从这个意义上看,女性似乎有了自主选择权,而且好像还有很多种选择,但这些选择的背后其实只是商业与资本,或者说消费主义的逻辑和需求在推动。

三、女性期刊社会性别意识的构建

女性群体在关注阅读、倡导阅读这个问题上,首先应该关注和倡导女性阅读。作为女性阅读重要载体的女性期刊,对社会性别意识的构建,推进男女性别文化建设进而使男女真正平等的观念深入人心,具有重要意义。

(一)女性期刊内容应注重女性意识的提炼

根据有关女性阅读的一项问卷调查数据显示:66.2%的女性希望通过阅读提升生活品质,60.8%希望修身养性,47.5%希望提高文化素质,42%希望提升职业技能,39.1%希望学习人际沟通技巧,29.2%希望解决心理情感问题,24.7%希望掌握教育孩子的知识。① 女性阅读呈现出比较明显的阅读倾向:重视获取新的知识和信息,通过阅读不断补充信息和知识,提升和完善自己,以期在竞争社会脱颖而出;关注慰藉精神和心灵的读物,闲暇之余更愿意沉浸在

---

① 资料来源于http://www.womenofchina.com/newspage.aspid=11800。

此类阅读中放松心情；偏爱流行时尚和装帧精美的读物，以满足女性追求新潮、品位的需要。

女性期刊要努力改变以往呈现的信息内容大多比较狭窄、多集中在情感、服饰、美容等领域的局面，扩大信息覆盖面，题材应该更广泛，尤其是要增加女性教育和培训、女性与经济、女性的参与和决策权力、提高女性地位的机制等与女性生存与发展密切相关的信息。注重期刊内容格调、立意的提升，多从女性的工作、成就、需要展开，不以琐碎或扭曲的方式展示女性对其刻板角色的超越。要尽可能为现代女性提供精神上的指导，多叙说那些体现自尊、自强、自立又能够充分展示女性社会价值和生存意义的女性代表，提炼具有人的主体精神的现代女性意识。要从女性视角展示女性的美和时尚，跳出男权视角下"被看"的羁绊。不过分强调女性的外表美，真正自然的女性才是最美丽的女人，应强调文化的塑造对女性美的提升作用。多报道女性在公共领域的奋斗与成功事迹，纠正对事业成功女性的刻板印象，充分展示她们在争取事业成功的同时，一样可以拥有属于自己的美好感情和家庭。总之，女性期刊应该在"她阅读"时代为女性读者提供丰富的社会生活资讯和深刻表达女性主体意识觉醒的内容，使之与女性阅读倾向之间有良好的互动。

（二）加强对女性期刊编辑主体社会性别意识的培训

女性期刊编辑通常被看成是具有较高文化素质的群体，他们是生产女性期刊的主体。这个群体除具备一般媒介所要求的专业素质外，还应具备社会性别意识。然而目前女性期刊的编辑人员虽然已经有了社会性别意识的觉醒，对很多性别歧视也有更为深切的感受，但由于缺乏相关的专业培训和教育，相当一部分编辑在利用女性期刊这个社会公器消除男性中心文化方面的自觉意识和实际操作能力还较弱，较少从性别平等的角度去反映和反思社会现实。因此，加强对女性期刊编辑主体的社会性别意识培训非常必要。有学者指出，培训可从以下方面入手：什么是社会性别意识；社会性别意识是怎样的一种视角；编辑主体如何体验这种视角，尤其是男性编辑主体；如何识别女性歧视在女性期刊中的表现。[7]社会性别意识的培养是一个渐进的过程，如何在适应市场竞争的同时，又能在传播的实践中彰显女性意识，表达女性视角和立场，应该成为女性期刊编辑主体不懈追求的目标。

（三）社会协同支持系统的培育

拥有明确的女性主义立场是女性期刊的自身发展的要求，而获得广泛的社会支持则是女性期刊社会性别意识构建的外部保障。目前，我国在性别平等立法、国家行动计划制定与实施等提高女性地位的国家机制建设上作出了积极努力，为女性期刊的发展和女性发展营造了良好的制度环境。政府部门拥有强大的资源，在应对社会性别意识缺乏中理应发挥引导功能，加强对期刊文化的构建并给予准确、及时的引导。同时，出版行业协会也要加强对协会各成员的正面教育，弱化传统中的性别刻板印象，提倡女性意识。

在业务层面培育社会协同支持系统更为迫切，具体可从三个方面推进：第一，继续推广和完善"妇女传媒检测网络"的评估机制，设置如"性别平等正面报道率""性别平等负面报道率"[4]374等基本指标来检测女性期刊，并根据指标进行激励或惩戒。第二，增强妇联组织与女性期刊之间的良性互动，妇联应发挥自身的组织优势和资源动员能力，加强与女性期刊高层的沟通，争取期刊把关人的支持，利用期刊传播社会性别平等意识，推进妇联宣传工作的社会化。第三，加强对受众的媒介素养和社会性别意识的教育，性别观念的形成并非一朝一夕，受众观念的改变，关键在于教育。因此，加强各级各类学校、机构的媒介素养和社会性别意识教育，提高社会成员对性别成见的认知能力，是女性期刊构建社会性别意识坚实的受众基础。

参考文献

[1] 刘霞.全民阅读场景中的"她"阅读[N].中国妇女报,2012-06-05.

[2] 方平.中国女性期刊发展纵览[EB/OL].[2013-04-3]http://media.people.com.cn/GB/22114/227512/227513/15299354.html.

[3] 杨文珠.女性意识与我国当代女和性阅读评析[J].中华女子学院学报,2008(3):43-46.

[4] 李琦.传媒与性别——女性媒介的传播社会学阐释[M].长沙:湖南师范大学出版社,2008.

[5] 陈阳.性别与传播[J].国际新闻界,2001(1):59-64.

[6] 罗伯特·C·艾伦.重组话语频道[M].麦永雄,译.北京:中国社会科学出版社,2000:47.

[7] 单晓红.中国女性媒介产生及发展的思考[J].中国广播电视学刊,2006(12):46-47.

(成稿于2014年7月)

媒体融合与数字出版

媒体融合背景下高校出版社的发展路径

2014年8月17日,习近平总书记在中央全面深化改革领导小组第四次会议上就媒体融合发表重要讲话,深刻阐述了媒体融合的工作理念、实现路径、目标任务和总体要求。习近平同志指出,要牢固树立一体化发展观念,推动传统媒体和新兴媒体在内容、渠道、平台、经营、管理等方面的深度融合。[1]这一讲话无疑成为新时期媒体发展的行动纲领,也必将对出版领域产生深远的影响。10月11日,国家新闻出版广电总局正式出台《深化新闻出版体制改革实施方案》,鼓励和支持传统出版传媒与新兴出版传媒融合发展。

高校出版社作为教育工作和出版工作的重要组成部分,已经从原有的补充地位转向主体地位,致力为高校和文化教育服务,已经成为我国出版领域的一支生力军,是高校继教学、科研之外的第三种力量。在全新传媒格局下,大力度推进高校出版社传统出版与新媒体的融合发展,是提升高校出版社整体实力和核心竞争力的必由之路。

一、高校出版社发展现状

随着高校出版社转企改制工作的基本完成,高校出版开始进入后改制时代,它们面临的是更为激烈的出版市场竞争。转制之后的高校出版社在增强自身发展动力、努力开拓新市场的同时,也感受到市场与原有困难的双重压力。在面对资金、技术、人才、管理等各方面都较自己更为优越的大型地方出版集团时,高校出版社尤其是部分中小规模高校出版社,参与市场竞争有众多的不利条件,如缺乏资金、缺少品牌效应、抵御风险能力弱等;再加上当前高校出版社产业属性不明显,产品结构单一,产品差异化程度较低,数字化能力较弱,转型面临种种困难。但是作为科技、文化出版市场主体的高校出版社,要想在市场竞争中求得生存与发展,就必须更新观念,探索新的发展路径。

二、高校出版社亟须互联网思维

互联网思维一词源自互联网行业,是互联网时代的产物,对它尚无一个精准的定义。百度百科认为,互联网思维是在(移动)互联网、大数据、云计算等科技不断发展的背景下,对市场、对企业价值链乃至对整个商业生态进行重新审视的思考方式。"小米科技"的创始人雷军指出,"专注、极致、口碑、快"是互联网思维,而搜狐的王小川则认为,"用户量、免费、体验至上"是互联网思维。互联网是一场影响深远的革命,其所涉及的相关知识与技能固然可以通过短时间的学习得以弥补,但互联网的思维方式却不是短时间里就能深刻领悟的。高校出版社虽已经完成转企改制,但是其经营理念和思维长期受传统出版影响,肯定需要有一个转变过程。笔者认为互联网思维有一个很重要的标准:基于对人性的深刻洞察来设计产品。高校出版社如果在出版产品的策划、制作当中始终坚持这个标准,或许是向新媒体转型、融合、切入的一个正确方向。任何一个数字化产品的背后,必须依赖庞大的数据库进行支撑,因为越是简单、人性化的产品,越需要复杂的设计,而且,数字化产品需要对与其相关的出版资源进行全面整合,而不是简单地将原有纸质出版物转化成数字形态。因为互联网思维要求的数字化是全方位的,原有出版的各个流程,如编辑、出版、校对、印刷、文档整理、营销策划、财务管理、办公、人力资源等都有必要进行数字化的重建。毫不夸张地说,互联网思维转型就意味着高校出版社的一次浴火重生。

高校出版社经营思维的改变,应着力利用各种新兴媒体及多种手段去实现主动出版、服务特定读者的目标。互联网思维不再是传统编书、印书、发书的运作模式,更不是分书号、包书号的非商业行为,互联网思维要求高校出版社在互联网以及一系列新技术条件下,能够拥有对出版行业的市场、用户、销售、产品、生产、企业等进行重新审视和定义,要打破传统思维定式,破除路径依赖。

三、高校出版社发展的媒体融合之路

目前,出版业正面临着一场深刻的变革,面对数字化的冲击,高校出版社必须积极做出调整,借鉴新媒体的特点,从出版发行模式上进行革新,走出一条新旧媒体融合的发展之路。笔者认为,高校出版社媒体融合的具体路径如下:

(一)内容制作的融合

互联网时代并没有改变"内容为王"的生存法则。与传统出版一样,互联网时代出版的核心内容依然还是内容生产。无论何种形式的出版,具有知识性和思想性内容才是人类文化得以积累和传承的基础。"内容+科技+个性化"定制服务是互联网时代新的发展趋势,是传统出版与新媒体融合的完整呈现。[2]"内容为王"不会改变,内容永远是根本,出版的最大价值应该是能够生产优质的内容。刘奇葆同志在第二十四届中国新闻奖、第十三届长江韬奋奖颁奖报告会讲话中指出,"要增强现代传播意识,强化互联网思维,把讲好故事作为看家本领,努力成为全媒记者、全媒编辑,生产全媒产品,在媒体融合发展中大显身手"。[3]"把讲好故事作为看家本领","故事"亦即内容。传统高校出版社都在进行数字出版的尝试,但是赢利模式仍然不够清晰,也相对单一。因此,从选题策划到内容制作上要兼顾纸质媒体和数字媒体阅读。在内容制作

上,高校出版社的数字化转型应跳出简单的传统纸质内容数字化的单一模式,而是应根据互联网和移动互联网的特点,改变内容制作方式,调整出版业务流程,推出新型产品。[4]

高校出版社在媒体融合过程中,一定要清醒地认识到,自己最有把握扮演的角色就是做优质的内容提供者。如华东师范大学出版社基于对数字化教育环境发展的前瞻分析,着力传统出版与新兴媒体内容的融合生产,积极参与"国家标准管理委员会"关于"电子书包"的标准制定工作,兼跨内容与技术,成为数字化教学整体解决方案的重要提供者。

(二)媒体传播的融合

融合发展没有技术的引领,没有传播技术的支撑无从谈起。新媒体技术包括大数据技术、网络技术、移动技术,技术平台建设、多媒体技术整合是出版媒体融合发展的关键。多媒体印刷读物(MPR)、二维码、云计算等技术在数字出版产品中得到广泛应用。[4]移动阅读就是网络技术与多媒体技术不断融合的结果。

在媒体传播技术融合上应考虑两方面的融合。首先是高校出版社内部做到全媒体出版融合,就是要把同一内容分别发布在不同的载体上,比如纸媒、互联网、手机、阅读器等,另外还可以在传统出版物上充分利用二维码技术。例如一本纸质出版物可以根据销售对象的不同,产生各自不同的版权:音乐、动漫、影视,甚至游戏。这个时候出版已经成为一种服务业,为各个潜在的行业、作者提供增值服务,从而发现高校出版社的利润增长点。在媒体融合的大背景之下,我们不能把出版仅仅简单地理解为"编辑、印刷、发行",而是要尽可能地拓宽其外延,拉长出版产业链。因为只有一个足够长的产业链,才能产生足够多的社会化分工环节,这样,狭义的出版只是其中的一环,而这个环节是否赢利不再重要,出版社完全可以通过其他环节获取利润。其次是在高校出版社外部努力促成跨媒体出版的融合,利用平面媒体、立体媒体、新媒体等多种媒介载体提供文字、图片、音频、视频等多媒体信息，提升服务能力，满足受众的多样化需求。

（三）营销渠道的融合

未来的高校出版结构将会进行较大规模的调整，笔者越来越确认，未来成功的高校出版流程将会是一个下游渠道推动上游资源的整合过程。下游渠道包括每所高校出版社的渠道和销售终端，上游资源则是高校出版物的内容生产与编辑部。高校出版社出版产品的销售形式将呈现出更多的变化，各自渠道会不断地被细分，在传统的新华书店、网络电商之外，机场、商场超市、品牌旗舰店、直销、团购等渠道越来越重要。不同种类的图书将有针对性地采用不同渠道进行销售。高校出版社需要及时掌握不同渠道的独特需求，从而安排相应的产品。这种模式是对以往传统出版物生产方式的颠覆，将进一步促进各自销售渠道与终端进行融合，从而使高校出版社更加精准地把握出版市场，跳出以往闭门造车的出版模式。

互联网传播不是一个简单的技术问题，更关键的在于如何开拓营销渠道。高校出版社大多具有较好的内容资源，但是一直都存在着投送困难这个问题，好的作品往往不易为潜在的读者群知晓。因此，未来高校出版社应着力在营销精细化和网络渠道培育上下功夫。除了推行分社制这种内涵式扩张之外，网销渠道的拓展成为当下高校出版社开拓新渠道、培育新的销售增长点的重要举措。一些高校出版社不仅仅在纸质出版、数字出版两方面开疆拓土，还在网站经营方面开展与新媒体的合作，体现出传统出版企业向上下游发展的趋势。如中国人民大学出版社、浙江大学出版社等也重新架构了发行部门，组建网上书店业务组。浙江大学出版社还与杭州蓝狮子文化创意有限公司共同成立了杭州飞阅图书有限公司，致力于营销发行双方合作的图书。这些营销渠道的融合，突破了传统出版单一的营销模式，线上和线下，展示与传播都显示出较大的优势。

（四）资本运作的融合

在媒体融合背景下，资本市场的作用不可小觑。随着文化体制改革的深入，媒体集团的资本需求变得日益强烈，因为媒体产业本身就是一个很高门槛的产业，新技术、新渠道的发展，客观上也要求有大资本的介入。一些高校出版社开始借鉴上市公司的运作模式，对资本市场采取了更为灵活、开放的态度，利用各种资本力量进行股权投资，尝试跨体制合作、跨媒体经营。高校出版社与社会资本融合应该明确产权归属，盘活优质资产，从而尽快进入市场，使自身的各种有形、无形资产实现价格增资，最终使出版社的资产和资本得到扩张。如陕西师范大学与西安文化产业投资集团合资组建西安曲江出版传媒股份有限公司，突破所有制限制，迈出资本运作产业开发的第一步；几年来，股份公司按照"传统出版创新经营＋数字化出版快速发展＋广告传媒综合突破"的全媒体出版发展模式经营，取得了成效。

高校传统出版与新兴媒体并不是简单的此消彼长，新兴媒体给高校传统出版带来了挑战，也带来了更多的发展机遇和发展空间。习近平总书记的讲话、新闻出版广电总局出台的出版行业相关政策，都为高校出版社的传统出版与新兴媒体的融合创设了良好的大环境、大氛围。高校出版社一定要有创新的观念与思维，告别传统的出版观念和模式，在与新兴媒体的互相借鉴、融合中，突破发展瓶颈，激发发展动力。

参考文献

[1] 聂辰席. 融合创新　一体发展[N]. 人民日报,2014-10-09（7）.

[2] 庞沁文. 传统媒体与新媒体融合发展九大要务[N]. 中国新闻出版报,2014-09-22（5）.

[3] 李章军. 中国新闻奖长江韬奋奖颁奖报告会举行[N]. 人民日报,2014-11-08（1）.

[4] 李争粉. 数字出版势头强劲　产业融合成发展动力[N]. 中国高新技术产业导报,2014-09-08（1）.

（成稿于 2015 年 1 月）

新媒体语境下女性媒介话语权的缺失、异化及建构

随着现代信息技术的快速发展,网络被称为不同于传统媒体(报纸、广播、电视)的"新媒体"。当大众媒介转换成去中心化的网络时,受众获得了更多的传播权力。目前,我国已拥有5亿多网民(其中女性网民占45%),他们借助新媒体,创造并消费着种类齐全、形态各异的精神和文化产品的同时,无处不在地影响着社会现实。

话语权研究是当前文化与传媒研究中较热门的话题,法国哲学家福柯认为:"话语是一种权力关系,是权力的表现形式,是知识传播与权力控制的工具,它意味着谁有发言权,谁无发言权。"拥有话语权实际上就是拥有了"说话"的权力和资源。建构女性话语权,是男女平等的重要标志之一。女性话语权,就是站在女性的立场关注女性生存和发展、表达自我主题意识的话语权,通常被用来作为男性霸权主义话语权的抗衡力量,女性媒介话语权就是女性利用传播资源表达自我主体意识的权力。以报纸、广播、电视三大媒介为主的传统媒体时代,由于受男性文化符号体系的掌控,女性话语权的缺席已为理论界所重视,那么现今步入基于网络技术发展起来的新媒体时代,去中心化的强大网络是否就意味着女性话语权狂欢时代的到来?事实上,新媒体就像是一把双刃剑,一方面以其交互性和低门槛消解了传播者和受众的界限,为广大女性提供新的视野、空间和表述平台;另一方面由于受男性文化始终操纵的商业利益

和网络媒体间不断妥协,反而又强化了女性特征的刻板成见。女性话语权在新媒体时代的网络表达中,依然是一个需要捍卫和抗争的话题。

一、新媒体语境下女性媒介话语权的缺失

女性主义是理解性别冲突的最佳视角,也为大众传播研究提供广阔的理论和思想空间,新媒体相对于报纸、广播、电视等传统媒体而言,是在网络技术支撑下发展起来的新的媒体形态。新媒体在客观上为女性拓展媒介话语权提供便利,但同时由于男性文化操纵的根深蒂固,也在另一方面加大性别差距,女性媒介话语权的缺失依然是一个不争的事实。主要表现为:

(一)话语平台虽多样,但女性话语领域局促

互联网低门槛、可匿名、可互动的特点,为女性的沟通和交流提供了极大的便利。网络中博客、微博、论坛、网站等丰富的交流平台给女性话语表达前所未有的快捷与随心所欲。但是,话语平台虽然多样,但女性话语领域依然显得局促狭窄,大多集中在时尚美容、情爱婚姻、商品消费等方面,即通常所说的私人领域,而忽略了女性作为独立主体更应关注的自身发展的更为广阔的社会空间。

(二)女性表达虽活跃,但多以"他者"姿态呈现

对于女性而言,网络为她们提供了很好的情感支持与释放渠道,网络在一定程度上丰富了她们的情感体验。她们在网络表达上尽管多姿多彩,但依然没有摆脱"被看"的角色。上传的美女图片,倾诉的情感故事等,其初衷也许是为了呼吁网民对女性现实生存的关注,但在客观传播效果上还是在告诉网络,女性是天生尤物,女性无法把握自己的命运,不具备独立的品质和力量,她依然是男性视角下的弱者。

(三)议程设置虽多元,但未改男性主宰局面

网络议程设置虽然涉及多领域,如包括创业、教育、法律等方面。但女性关注的重点议程仍然是以男性的眼光来审视的女性美容、消费、情爱等私人领域的话题,从自然属性的角度"看"女性。这方面的议程越集中,越无法证明女性在这个世界上所应拥有的社会地位。

二、新媒体语境下女性媒介话语权的异化

新媒体时代的部分网络表达(以博客和微博为代表)中,往往强化性指向,背离了女性存在的主体性,这种背离的敌对性质非常明显,主体反过来被客体对象所控制,主体性随之消解。这种表达看似为争取女性话语权,实则是女性话语权的扭曲和异化。具体表现为:

(一)媒介权力规训下的身体表达

网络空间上充斥着以女性身体为核心的各种话语和图像,现实生活中则满眼是形形色色的美体、美容院,时下人们为打造、形塑甚至异化着女性的身体而乐此不疲。从理论上说,男尊女卑的思想已被世人所唾弃,但男权文化却没有远离人们的生活,它依然强劲地占据、左右人们的道德价值判断,篡改、利用女性身体的男权中心的文化格局并没有得到彻底的改变。博客和微博等网络平台虽赋予女性表达自我的机会,然而表达方式和内容大多没能跳出对男性价值标准迎合的窠臼,如木子美的身体写作的性爱日记,竹影青瞳、流氓燕等吸引网民眼球的裸露照片等等,由于过分强调自身的女性身份,使得话语文本最终也成为媒介利用的对象和受众猎奇、观赏的客体。

(二)商业功利驱动下的价值物化

在网络的渲染下,美体现在女性身上,是一件有价商品,女性身体成为既有资本价值又有偶像价值的物品。它可以为女性带来机遇和成功,获得青睐与财富。美成为女性的终极追求,强化了女性在审美活动中的附属地位,削弱了她们作为独立主体的自我价值的追求与实现。刺激消费的广告铺天盖地,通过各类美女树立的"完美形象",让女性通过消费改造自身的身体与形象,实现了男权文化对女性身体和形象的消费,而隐藏其背后的权力压迫却不露声色。女性为了获得现实利益,也往往主动加入这一追逐利润的过程中。

(三)被窥视中的自我言说

在网络中,女性仍然作为性别关系中的"第二性",以男性为坐标来定位,女性作为影像,是为了男性而展示的,处处呈现男性价值判断和审美情趣。传统媒体的审美观在新媒体时代得到了延续,传统的性别秩序实现了进一步的加强,男权文化下的审美意识依然是新媒体语境下的通行文化意识,女性依然处于"被看"的位置。比如所谓的网络红人现象,其实就是网络媒介对这些女性视觉外表的追捧与强化的结果,是男性审美主体建构起来的"被看"的形象。

三、新媒体语境下女性媒介话语权的建构

女性媒介话语权的建构,实际上是建构媒介文化和权威性的过程。"构建女性话语体系就意味着女性必须以自己的声音对女性的历史和现实进行描摹,以自己的体悟和时间来展现女性特有的生存状态和心理图式"。[1]但女性媒介话语权的建构又不仅仅是女性自身的问题,而是需要全社会的共同参与。笔者认为,构建新媒体时代女性话语权的有效路径为:

（一）增强社会性别平等观念，唤起女性自我主体意识觉醒

性别平等是指女性与男性权利、机会及责任平等，社会性别观念是指承认两性生理差别基础上，对男女两性具有同等的人格、尊严、权利和发展机会的认识。[2]将性别平等和妇女赋权作为实现可持续发展重要途径的观念正日益为世界各国所接受，我国在第四次世界妇女大会后虽已将性别平等纳入决策主流，但时下媒介市场化和媒介产品商品化观念占据了人们的思想，新媒介和传统媒体一样，大肆利用女性形象，性别刻板成见挥之不去，社会性别观念的真正落实任重道远。女性只有突破来自男性和被女性自身内化的男权文化和消费文化的重重包围，才能真正建构起尊重女性个体生命体验的社会语境和生存空间。但如果只是一味地抨击男权意识，只能给女性带来负面的、否定性的经验，在新媒介中要塑造女性无论是作为传播者、文本形象还是受众的积极的、正面的形象，必须寻找女性的主体表达需要，唤起女性自我主体意识的觉醒，真正建构起女性书写自我的网络公共平台。比如一些门户网站的女性频道，应多注重发表具有女性意识的言论，塑造自信、快乐、积极、独立的女性形象，要善于总结女性独特的经验与智慧，多从独立性与创造性上挖掘女性的独特魅力，以启迪更多的女性重新考量女性价值，挖掘内在潜力，激发人生斗志。

（二）提高媒介素养，完善媒介监测机制

新媒体语境下，媒介素养主要是指信息时代社会公众认知媒介、参与媒介、使用媒介的能力，包括面对新媒体各种信息时的选择、理解、质疑、评估、创造和制作能力、思辨能力，以及媒体与公众使用媒介及媒介信息为个人生活、社会发展服务的能力。[3]它可以分为两个层次，"一是公众对于媒介的认识和关于媒介的知识，另一个是传媒工作者对自己职业的认识和一种职业精神"。[4]加强对制媒者和"把关人"的社会性别意识教育，提高他们的媒介素养，使他们尽快从传统性别观念中脱身而出，不再成为男权意识的"共谋"。而对受众的

媒介素养教育,则需要通过自我教育、学校教育和社会教育等方式合力完成,如果受众具备了一定的社会性别意识和辨别力,就能对传播文本产生质疑,并进行反思性、抵抗性解读,从而形成强大而宽泛的舆论监测网络。

媒介素养的提高,也为网络媒介监测机制的完善提供可能。有关女性媒介监测网络起源于美国,现被广泛应用到全球。目前中国有一个"妇女传媒监测网络",监测并抵制大众传媒中贬抑女性、否定女性独立人格、鼓吹性别角色的陈规报道,与媒体协商以确保适当反映妇女的需要和关切问题,为妇女走向男女平等提供良好的舆论环境,创造有利于两性平等发展的社会文化空间。[5]这个监测网络毕竟只是一个民间组织,还有待完善,它的触角还没有伸展到省、市一级,目前其工作力度也仅仅局限在宣传和声讨上,缺乏实质性的动作。如果政府与媒体参与其中,完善和推广"妇女传媒监测网络"的评估机制,建章立制,从性别平等角度细化评价指标,并以此来检测媒体,做到奖罚分明,则会给整个新媒体的性别文化传播带来全新的变化。同时,网络受众实质上就是媒介性别平等的检测者,广泛的受众监督有利于促进媒介自律,可联合妇联、学校和科研机构等多方社会力量,建立多元化的传媒监测网络,也必将推动女性话语的建构。

(三)培养女性意见领袖,提升女性参与网络公共领域的主动性

网络意见领袖是利用互联网为各方传播公共信息、同时对各方形成舆论影响、活跃于各个阶层的"活跃分子",他们的网络传播效果在新媒体中的举足轻重。以微博为例,微博既是一个信息传播平台,也是一个自创内容的工场,它让每一个人都能成为内容的制造者、见证者、传播者、评论者;而微博中的意见领袖(尤其被称为"大V"的)在引发话题、议程设置和引导改变舆论走向上,发挥着不可忽视的话语影响力。截止到2012年12月,即时通信成为第一大上网应用,微博用户规模达到3.09亿,占全部网民用户的55%。微博作为新媒体的一个重要载体,其使用简单、传播的草根性特点,给广大女性提供了自由表达的渠道,也给女性话语的构建带来了机遇。但是相关调查表明,女性在微博中的影响力仍然较弱,话语权依然掌握在男性手中。按照微博用户发

表内容的不同，分为公共领域和私人领域两大部分，公共领域包括政治、经济、科技、教育、慈善等；私人领域包括家庭、情感、生活（包含服饰美容、照片分享）等。[6] 前者涉及微博用户所关注的公共事务、新闻事件等空间，后者则是以家庭、消费和家庭成员的社会化为核心的私人领域。值得欣慰的是，一部分青年女性非常活跃，有着独立的思想与人格，并具有相当的创意，她们善于寻找各种突破口，进而挑战性别歧视的文化禁忌，学会了利用网络优势来传播女性主义理念。总之，女性意见领袖拥有大批拥趸，受人关注，应该发挥她们的影响力，体现女性自我主体意识的觉醒与成熟，多在公共领域发声，提高参与社会公共事务的兴趣与能力，帮助女性网民认识自身独立存在的价值，增强女性话语意识与发声能力，改变男性叙事的覆盖状态。

参考文献

[1] 叶晖. 大众传媒中女性的"在场"与话语困境 [D]. 金华：浙江师范大学, 2005：33.

[2] 李琦. 传媒与性别——女性媒介的传播社会学阐释 [M]. 长沙：湖南师范大学出版社, 2008：101.

[3] 李静宇, 高雪. 新媒体语境下公众媒介素养的提升途径 [J]. 新闻世界, 2013（6）：198-199.

[4] 陈力丹. 关于媒介素养与新闻教育的网上对话 [J]. 湖南大众传媒职业技术学院学报, 2007（2）：12-17.

[5] 尚晓援. 冲击与变革：对外开放中国公民社会组织 [M]. 北京：中国社会科学出版社, 2007：268.

[6] 江澄. 微博中女性话语权表达的现状与展望——以新浪微博"名人影响力"为例 [J]. 东南传播, 2013（7）：81-83.

（成稿于 2014 年 2 月）

政务微博、草根微博与传统媒体新闻传播融合研究

——基于宁波的实践与思考

一、引言

中国互联网在经历了QQ、博客、社交网络等一系列交流沟通的变革后，2009年迎来了微博这种新的传播形式。微博凭借其自身鲜明的特点，如：发布信息快捷、互动式的结构、复数形式的传播等，很快成为即时社交产品的翘楚。微博的崛起，无疑在传播领域打开了一扇"乱花渐欲迷人眼"的大门。通常，信任关系只在亲人和朋友之间才会拥有，而微博却可以使这种信任关系建立在"陌生人"之间，再加上微博用户的嵌套关系，其渗透力和影响力大大超出传统传播的想象。"在微博的世界里，传播者是谁并不重要，重要的是所传播的资讯内容是否具有分享意义和对于社会的价值穿透力"。[1]

自新浪微博诞生的一年多时间里，微博版图迅速成多足鼎立之势，互联网的话语权不再单独由某个群体掌握，而是竞相发出自己的声音。最为突出的是：政务微博、草根微博、传统媒体微博三大微博群。政务微博（包括政府机构微博和官员微博）的产生，意味着官方机构开始尝试一种有效、开放的信息发布形式，因为在多元意见表达日趋热烈的今天，政府已经不可能延续从前那

种单向度的传播方式；草根民众的微博，如雨后春笋般活跃在互联网，它冲击着传统上由政府、传统媒体把握的公共话语空间，并开始扮演一个举足轻重的传播角色，众多公共事件表明：微博是中国社会问题的"放大镜"，它给各方施压，而且往往是引发重大事件的催化剂，而草根微博天然地熟悉"微博"这种传播方式；传统媒体虽然在权威性和可信度上拥有相对的实力，但在微博时代，其速度和广度明显落后于微博传播，又缺少自身的特色，因此传统媒体与微博的新闻传播如何融合也是当前媒介融合的一个重要内容。

根据宁波市互联网宣传管理办公室、宁波市网络文化研究中心发布的《宁波市网络文化发展状况蓝皮书》显示：2011年底，宁波互联网普及率约为59.2%，超过全国平均水平近20个百分点；网民中的微博使用者约338万人，其中每周至少发布（含转发）一条微博或登录三次及以上的使用者约150万人，微博使用率为56.7%，高于全国平均水平50.9%。本研究将以宁波为蓝本，探讨宁波本地政务微博、传统媒体微博和普通民众微博三者之间的融合互动，以期为新媒体背景下社会信息管理和新闻传播创新提供现实依据。

二、宁波政务微博、草根微博与传统媒体新闻传播融合的现状

（一）基于微博的官民互动平台初具规模

据来自新浪官方的公开数据显示，截至2012年9月8日，宁波认证用户中政府机构472家，政府官员63人，拥有粉丝50多万。可以说，宁波本地基于微博的官员与市民的互动平台初具规模，地方政府有意愿加入微博的传播潮流中。

政务微博是指政府机构和官员的微博，是"微博问政"的载体。2011年10月，宁波市海曙区政务微博平台正式开通，海曙城管、公安、工商等近50个职能部门实行在微博上的"联合办公"，成为浙江省首个集体上线的政务微博群；同年12月"宁波发布"政务微博在新浪网独家上线。"宁波发布"是宁波市人民政府新闻办公室实名认证的政务微博，集合了公安、交通、旅游、环保、民政、

工商、城管、教育、气象、规划等部门，它承载了了解民情、听取民意、集中民智、加强主流舆论引导等多项功能。在2012年8月初台风"海葵"冲击宁波之际，政务微博高速运转，@宁波气象、@宁波市公安局交通警察局、@宁波市公安局消防局及各县市区的政务微博不断地发送雨情路况的权威信息。"海葵"入侵的三天中，"宁波发布"就发布微博2000多条，其中三分之一的微博转发评论数上百，甚至还有上万条转发评论信息，处理咨询、求助等更是不胜枚举。政务微博只有采取低调、亲民、真诚的姿态，才会得到大众及网民的认可。

（二）草根微博异军突起

草根微博崛起，并开始在一些重大公共事件中充当重要传播角色，他们已逐渐成为影响新闻传播格局的新力量，这在一定程度上削弱了传统媒体新闻传播的话语权；草根微博的发展壮大，让"对话"真正成为新闻生活过程的一个环节，使从前的"自上而下"的传播变成"互播"成为一种可能。

2012年7月3日，一张宁波市委党校篮球筐加盖上锁的照片被上传到新浪微博，并引发关注。发帖者称，校方此举是为阻止市民前去打球，随即引发网友热议。对此，校方负责人随即表示：照片是真实的，校方上锁主要是由于市民在上班时间打球"影响党校教学和正常办公"。但网友们的反映却并非如此，"我的地盘，我做主"，"这些用纳税人钱养活的人为什么对待人民那么冷酷？"……网友们在微博上用自己的方式表达对身边的公共事务关注。公民意识的觉醒，通常是社会步入现代文明的标志。这也意味着，宁波市民的参与、监督、责任及法律意识都已经逐渐成熟，并且渴望通过正常的渠道进行表达。而作为事件的另一方，带有"公权"特征的宁波党校，在应对此次公共事件中，并未表现出某些政府机关傲慢、冷漠、迟钝的态度，从始至终都能保持一个较为开放的态度。7月4日，宁波党校第一时间专门发微博对校园管理进行说明；而此时的微博评论也开始趋向平和，大众对事件的探讨也更为理性。由此看出，草根微博已经开始在公共领域中发挥自己独特的舆论影响力，也在一定程度上督促公共事物管理者的自我转型。

(三)传统媒体借力微博

宁波本地传统媒体很早就开始接触"全媒体"理念,并在实践中探索现代信息传播的运行机制。传统媒体借力微博,把微博作为新闻信息源,并力求做好信息的快速传播及后续的深度报道工作。

传统媒体一直被认为是单向度媒体,简单来讲:就是"我说你听",精英掌握话语权;而互联网则是扁平的、多向度媒体,每一个人同时扮演媒体、受众、传播者的多重角色,其中又以"微博"最为突出。有鉴于此,宁波日报报业集团在2009年1月成立了全国首家全媒体新闻部,实行24×7全天候多媒体信息发布模式,为全媒体运营迈出了第一步;同年5月初,集团新设立基于手机报纸、手机电视的3G事业部,实现多媒体、即时和互动的移动新闻播报。更令人欣喜的是,在被称为"微博之年"的2011年,宁波晚报新浪官方微博位列"新浪微博浙江媒体微博10佳"之首。宁波晚报官方微博出彩在何处?新浪浙江总经理田芳艳指出:目前整个浙江省的新浪微博用户大约有2500万,宁波占到20%,只比杭州少了5%~7%;宁波晚报官方微博最好的表现就是在其影响力上,关注度很高;资讯量大是宁波晚报官方微博的又一大优势,内容十分丰富;此外,一旦有突发新闻发生,粉丝愿意主动"@宁波晚报",可见宁波晚报官方微博已受粉丝信任和认可。[2]

三、融合过程中存在的主要问题

(一)政府机构微博冷热不均,官员微博乏善可陈

作为理想的政务微博,应构建成为一个集信息发布、舆情引导、政民互动的新形式平台,尽最大的可能扩大民众对公共事务的参与。但现实情况下,各个政务微博的发展并不均衡,很多问题开始浮现。比较突出的问题表现在以

下几个方面:

1.地方政府各级机构微博内容往往质量参差不齐,流于应付,更多的只是当作政令的发布平台,或简单地将制度规定罗列网上,或粘贴几条新闻敷衍了事,普遍缺少与市民必要的沟通与交流。

2.政务微博运营内部机制不完备,令出多门,部门繁杂,未能有效传达信息,也未能体现微博传播速度快的优势;地方政府管理微博的手段较为单一,未能多元化、人性化,造成官员与普通民众交流不畅,双方的意愿与热情均不高。

3.宁波政务机构微博虽然数量上升明显,但官员微博增幅不大,各级官员微博仅仅满足于"潜水",混淆了"政府代表"与"普通网民"的身份,以至于明星式官员微博匮乏。

新浪官方数据显示:2010年11月初,宁波开通新浪微博的政府机构总数为123个,政府官员微博为48个;截止到2012年9月8日,政府机构微博总数为472个,政府官员微博63个,增幅分别为284%、31%。

以上情况的出现,究其原因,无非是一些官方微博开通并非完全出于自觉自愿,有些是追赶"时尚",有些则属于被动完成任务,最终这些微博或官气太盛、高高在上,违背与普通网友进行平等交流的初衷,以至于鲜有更新和回应,最终干脆成为"僵尸"。

(二)草根微博易受困于网络谣言,信息质量有待提高

由于微博低门槛的制度设计,网络大众素养良莠不齐,传播的信息或真假难辨,或包罗万象,网民的自律程度距离真正的"网络公民"尚任重道远。再加上微博的参与群体略显单一,多集中于学生、办公族,因此,宁波本地政务微博上的"民众声音"是否能真正反映各阶层的民意还有待考察。微博作为曝光假丑恶现象的舆论监督武器,有时也会成为虚假信息插上翅膀的技术帮凶。如微博上盛传一时的宁波启动监控探头抓"开车打电话"就是子虚乌有的假消息,微博的网友为求逼真,还附上一张开车打电话的"处罚单";这条微博不仅

引起众多实名认证的网友转发,甚至有官方微博都对此进行了转发,最终宁波交警支队微博专门对此作了辟谣,事件才告一段落。究其原因,除了传统的政府权威受到质疑之外,恐怕跟网民们易于被激发的非理性情绪,未能意识到传谣的严重性也有很大关系。

(三)传统媒体微博信息较单一

本地传统媒体的微博发布新闻信息渠道、方式、内容较为单一,比如一些纸媒微博上发布的信息仅仅是该媒体网页版的标题附上网址链接,微博发布的内容更多则是照搬纸质媒体的某些内容,这些简单的表达方式是很难引起微博网友的关注的。而且传统媒体微博的互动性也有待提高,通常是发了一条微博信息后,缺少对互动反馈环节的关注,更没有将网友们讨论互动的精彩内容放到微博主页中去。传统媒体在互联网报道中仅停留在导读和补充层次,仍然缺乏有深度的评论,缺少探索事件本源的职业精神。加上受原有体制影响较深,新闻主创人员主动介入公关事件的热情不足,对重大事件缺少持续、深刻的报道,在一定程度上放弃了作为传统媒体对事件跟踪、分析、探讨的天然优势,易流于表面。地方传统媒体即便看到了新媒体带来的机遇与危机,但思想观念主上仍然偏保守,缺乏主动创新、大胆求变的开拓精神,因此,在微博传播领域建树不大,甚至于产生"鸡肋"的感觉。

四、推进三大微博主体融合的建议及路径

(一)地方政府应有经营政务微博的理念及制度保障

地方政府应认真对待"政务微博",当视其为部门行政职能的扩展延伸,要设置制度保障,提倡"经营微博"理念,并打造"营销微博"式的团队。政务微博保障制度具体可从以下几个方面进行:

1. 公开微博信息。应将政务信息公开作为一项制度进行,确保政务运作

的透明度,增强政府的公信力,保障群众的知情权。

2. 应急处置微博。以突发公共事件应急处置机制为蓝本,建立微博事件应急处置机制,把微博这一新媒体作为稳定情绪人心、促进处突应对、提速提质舆论引导的重要载体,使突发事件通过权威途径客观、及时对外公布。

3. 建立微博管理团队。外省成功经验显示,如果地方政务微博有自己的管理团队,每天能对官方微博进行维护,会有效提升政务微博的影响力。政府机构部门开通官方微博后也应建立自己的微博管理团队,让微博的建设工作常态化。

4. 评估奖惩微博工作。对本部门公开微博信息、应对网络舆情、解决网民诉求、与网民沟通互动等进行科学评估,并把这种评估奖惩制度化,使其成为政治生活的刚性制度要求。

宁波政务微博表面上看比较繁荣,政务微博数量位居全省第一,但政务微博在政府各职能部门的分布并不平衡,问政主体没有真正涵盖各个阶层,分布的阶层、地域、部门机构差异较明显,而且还有不少"死博"和"沉博"现象存在,长期处于休眠状态。有鉴于此,宁波海曙区已经出台有关政务微博平台运作的"教程",使政务微博管理的制度化建设有了一个好的开端。

(二)政务微博要善于利用微博设置议题,以吸引更多网络注意力

微博议题的设置,其本质就是如何抓住网络受众。微博、QQ、人人网等社交网站的出现,对传统官方、传统媒体的议程设置功能提出了挑战,在网络社会,个人不再是单一接受信息的"受众",而是成为既接受又主动参与信息发布的"自媒体",个人及周边信息的"自我曝光"也会对之前的主流媒体产生影响,进而改变舆论的导向,从一定意义上说,议程设置逐渐变为全民参与的一项活动。因此,作为政务微博,在议题设置中,要充分理解党和国家的有关政策和一个时期的工作重点。一般来说,设置的议题大多是社会热点,对热点报道的关注。当然,微博议题设置不能一味地追求轰动效应,而是要帮助党和政府做好各项工作,为广大群众解决实际困难,以密切党和群众的联系。要选择有重

大影响和听众普遍关注的热点问题作为议题。具有社会热点性质的议题，才有足够的吸引力，才能引起受众的广泛注意和共鸣。

议题设置对提高微博关注度有着重要的意义。如果在一则微博中，仅仅满足于官方式的政治话语和简单的政治态度的话，势必不能满足网络群体的需求，会严重削弱政务微博的关注度。若采用合理的议题设置，就能够明显地克服这方面的欠缺。我们不难发现，议程设置功能的外延，已经得到了拓展。由于新兴媒体的逐渐壮大，已经渗透进社会生活中的各个角落，传统的官方意识形态与思维开始淡出，取而代之的是对疾苦坎坷、社会民生类的强烈关注。政务微博隐含的舆论影响力在很长一段时间内仍然是其他传媒无法取代的，若想成为"网络问政"的新平台，政务微博必须学会在基于网络言论语境下，通过设置合适的议题，从而体现政府和部门的特点，并能针对具体事务发布权威信息，注重与网民的互动交流，否则，在经历"突进"之后的政务微博会与公众的期望会渐行渐远。

（三）传统媒体的融合报道要积极探索新的传播方式

现阶段，传统媒体微博在的融合报道仍然形式较为单一，仅停留在导读与补充层面，要积极探索新的报道形态，丰富传播方式。"微直播"既不同于传统电视频道的直播，又有别于门户网站直播，是值得当下传统媒体探索和实践的直播模式。如"宁波发布"为使全市广大党员干部群众及时了解宁波市第十二次党代会盛况，曾经对大会开幕式进行微博直播。人民日报微博则采用一种全时性的报道，把微博打造成了一个新闻整合平台，采取每天24小时的全时循环报道。微博运营者不断更新记者发回的来自现场的最新消息，每当有最新进展，就实时进行修正与补充，改变了一些媒体微博只是简单地把纸媒上的内容复制到微博上的方式。随着传统媒体与新媒体界限的逐渐模糊，二者的地位和关系也将由垂直的商业交换关系向平行的合作关系转变。传统媒体不再单纯地从事低端的原始信息生产，新媒体也不再单纯依赖传统媒体提供内容,新老媒体将通过跨界合作共同进行内容生产,实现多平台、多形式传播,从而达到规模化效益。

在新媒体的影响力日益彰显、各类媒体走向融合的大变局中,传统传媒要保持对舆论的引导力,无疑需要重新掌握各种新技术和新的传播渠道,比如:利用数字化工具获取信息的能力;利用新媒体发布、扩大信息影响力的能力;在信息泛滥的情况下,学会判断、筛选、整合有价值、可靠信息的能力。对于传统媒体来说,如何在信息传播中重视对微博的利用,创造出更有效的新闻传播模式,还有待继续探索。

(四)加强草根微博制度建设,应对网络不实信息

目前困扰微博最大的问题就是网络谣言的盛行,而草根微博在谣言的传播中往往起的是推波助澜的作用。加强微博信用制度建设,可以参照网络域名注册系统,开发建设微博注册平台,采用实名制身份认证、信用分积累等方式,以保证让真正有价值的微博信息得以传播。媒介融合时代的最显著特点是"人人都有麦克风",受众的话语权得到了空前的提升。人人都有发布信息的可能,最终将导致很多时候受众只是"注重表达,而不再注重表达的内容",[5] 自我炫耀、自我放纵、自我狂欢成为一部分受众滥用的主题,若未有相应对策,网络将成为一个不负责任的公共场所,对整个社会的价值导向产生很大冲击。但在当前信息透明化机制尚不健全的国度,微博作为人们自由表达的公共意见平台,具有特殊的意义。因此,构建微博信用制度不啻为控制和杜绝与表达自由初衷相去甚远的纯粹以猎奇、情绪化、非理性的价值评判为标准的内容的一种手段。现阶段可采取的应对策略主要有以下几条:微博用户尤其是活跃用户,应对模糊信息进行自我识别,这种主动意识在很大程度上能减少不实消息的传播;各大政务微博应能第一时间发现虚假不实信息,并及时贴上"不实信息"的标签,提醒微博用户在转发时进行甄别;社交媒体平台应负有保护用户账号安全的责任,避免因账号被盗用而恶意传播扰乱公众认知的信息。

五、结语

微博话题将日常琐事转向社会公共事件,从而使得微博逐渐发展成为介入公共事务的新媒体,成为网络舆论中最具影响力的一种,并逐渐改变了传统网络舆论格局的力量对比。政务微博、草根微博和传统媒体微博未来承担着不同的角色定位:政务微博将使政府某些行政功能进一步扩展,草根微博扮演舆论监督的角色,传统媒体微博试图扩展自己的影响力。未来三者之间的互动将构成基本的互联网微博的生态环境,它们彼此之间的关系绝不是水火不容、势不两立,而是互相监督、共同促进、相辅相成的。微博发展过程中的问题只有靠进一步发展得以解决,宁波本地的经验已经告诉我们,互联网的容量足够大,能够完全包容各自不同的声音,我们有理由看到微博更为光明的前景。

参考文献

[1] 喻国明. 社会化媒体崛起背景下政府角色的转型及行动逻辑 [J]. 新闻记者, 2012(4): 3-8.

[2] 马晶晶. 宁波晚报新浪官方微博获"浙江媒体微博10佳" [EB/OL]. (2012-01-11)[2012-10-10]http://news.cnnb.com.cn/system/2012/01/11/007209584.shtml.

[3] 董碧辉. 我的议案建议9成多来自网友智慧 [N]. 钱江晚报, 2012-03-05(A5).

[4] 黄新. 官员开微博最需要宽容 [N]. 钱江晚报, 2012-03-04(A3).

[5] 塞尔托. 多元化文化素养 [M]. 李树芬, 译. 天津:天津人民出版社, 2003: 5.

(成稿于2013年5月)

数字化背景下中小出版社
转型认识误区及解决路径

快速发展的互联网和数字化技术改变了人们阅读和获取信息的方式，也对出版业的发展模式产生了深刻的影响。推进数字出版业的发展，已成为新闻出版业竞争的焦点。传统出版社的数字化转型并非一蹴而就，尤其是中小出版社，囿于资金、技术、规模、人才等因素，在数字化行进的道路上更是步履维艰。中小出版社要真正实现数字化转型，必须要把握好转型发展机遇，发挥转型出版社的优势，在坚持特色基础上求新求变。

一、中小出版社数字化现状

2012年8月，新闻出版总署署长柳斌杰在北京国际论坛的讲话中指出："2011年，中国数字出版业继续保持强势增长，全年总收入规模达1377.88亿元，同比增长31%。……数字报纸、数字学术期刊、数字图书和互联网文学、游戏动漫出版均保持了高速的增长势头，平均增长幅度超过25%。"[1]网络媒体与传统媒体的拐点已经在2011年出现，当年中国网络广告的营收规模首次超过了报纸。与此同时，数字报纸、电子杂志、手机多媒体等领域专业化的趋向已经显现，网络媒体的发展速度大大超出人们的想象。随着国民网上阅读率的节节攀升，中小出版社的图书库存也呈现逐年增加的趋势，其市场份额和市场空间被不断挤压以至萎缩已是不争的事实。

多数中小出版社是计划经济时代的产物，并非真正意义上市场经济竞争的结果，这就造成大多数中小出版社先天不足。昔日，凭借"国"字号的出身得以生存多年；后天则偏安一隅，不思奋进；以至于目前都面临着几乎相同的境况：资金短缺、知名度不高、经济效益差、品种单一、严重依赖原有体制等。如果把整个出版业则看成是座金字塔，众多的中小出版社构成了这个金字塔的底座；如果整个出版业是条食物链，数量众多的中小出版社就处于食物链的最底层。而在饱受原有问题困扰的同时，如今它们又将面对另外一个新生事物——数字化挑战。

数字化对于绝大多数中小出版社而言，一直都是雷声大雨点小，在数字出版的实际总收入中分不了多少羹。单纯就理论而言，传统出版与数字出版可以形成1+1的倍数关系，但事实上这种倍数关系很难实现。中小出版社虽说有专业分工，但由于专业特色并不明显，在日益细分化的阅读市场上缺乏竞争力；加之其生产的阅读产品同质化现象严重，信息的唯一性特征并不明显，往往导致一些核心资源缺乏的中小出版社被读者无情地抛弃。如有些中小出版社一年能生产的图书品种也就上百种，一部分图书品种因为质量不高、内容雷同、定位不准等原因，在传统图书出版市场的销售情况不佳，若此时转向数字出版又缺乏相应的资金，因此，理论上的倍数关系实际就成了两难选择。为改变这种局面，一些出版社积极开发一些以光盘为介质的资源，作为纸介质出版物的补充，这种辅助性电子资源对纸质出版虽然是一种促进，但无法形成成熟的盈利模式；一些中小出版社则开始尝试电子书模式，这让其在数字出版中获得了一定的经济收益，但这种模式的发展空间是有限的。总体而言，中小出版社的数字化进程仍然是缓慢而又随意的。

二、中小出版社在数字化转型中的认识误区

(一)关于"全媒体"

"全媒体"不是传统意义上的"媒体",而是一个媒介平台。它不仅仅秉承"内容为王",而且还坚信"服务为王"。当然,这种服务同样包含"内容"的创制,但"内容"不再仅由媒体平台自身进行制作生产,而是大众共同参与。这就不难解释为什么整个美国报业的产值不如一个谷歌,谷歌并没有做"内容",它只是为"内容"的生产和传播提供服务。显然,"全媒体"一词,既涉及传媒载体的形式,又包含有信息内容的形式,对此无法给出准确而清晰的定义,其最大的可能是指媒体形式的各种集合。对于那些追求信息完整性表达的媒介机构来说,"全媒体"确实是一个诱人的概念,或许还是一件终极武器。传统出版媒体认为借此可对抗电视、网络等其他传媒,从而实现对自身传统业务的改造,并借助它最终实现利润增长。

如何呈现一个有价值的信息或事件,一直是业内人士思考的问题。各种媒介记录信息进行传播的方式早已存在:音频传播信息,始于收音机的出现;视频传播信息,始于电视机的发明;在互联网技术出现前,各种媒介都是独立的;只有互联网的出现与大规模应用,才开始将原有媒体在各自领域垄断的局面打破,各种媒介及传播方式的统一协作成为可能,进而产生"全媒体"这个新鲜事物。中小出版社的未来出路,绝不只是"纸质出版物+电子网站"。建立自己的网站,在网站上推介自己的图书产品,这只是数字技术在原有出版模式上的拓展,并非真正的数字出版商业模式,其结果除了某些单一品牌或许有可能收获一些影响外,未必能带来更多的好处。

(二)关于"融合"

中小出版社未来是否能够与"全媒体"融合,或者说借助于"全媒体"跳出原有的束缚,出版者内部存在分歧。一部分观点认为:"全媒体"作为一种全新

的媒介，不会与"旧"的媒介再有交集，为获取各自的核心优势，各个媒介都在不断地分化，而不是融合；而另外一部分观点则认为："全媒体"的出现，打破了原来单一媒体的各自垄断，它必将整合现有媒体资源，实现媒体之间的全面互融。不管持哪种观点，都必须有一个共同的前提，那就是媒介生产流程必须专业化细分。在媒介融合时代，生产复杂度的提高，导致产业流程的专业分工和再造，出现信息的包装及平台提供者走向专业化的趋向。[2]中小出版社一直在内容采集、挖掘和整合方面具有相对优势，如果它们真的转型成为数字出版社的话，那么就会演变成各个数字媒体之间的竞争，也就失去了"差异化"。过去的传统出版业有着双重身份，既是传播主体（作为组织的媒介），又是传播渠道；而新兴媒体多只扮演传播渠道或信息载体的角色。可见，在当下，传媒的角色定位将更加清晰，各种媒体的职业分工将更加细化。新媒体的创新与先发优势变得非常重要，细分化也比以往更重要。越专注，越专业，在这种大背景之下，中小出版社以"融合"为名贸然进入陌生领域，风险不可小觑。

中小出版社在"全媒体"兴起之前，一直是秉承"专业化""差异化"的立社之道，从而形成中小出版社独特的核心竞争力。之前，中小出版社通过行政计划保护勉强生存，初涉市场即面临被淘汰的危机，在当前更加严峻的局面之下，要想做大做强，谈何容易。中小出版社的发展战略，历来都是强调不盲目扩大，也不急于做强，而是首先应做专、做精，应从专业化做起，寻求市场的差异化，创造最好的产品，最低的成本提供最好的服务。出版产业化进程的加速以及图书市场细分程度的提高，不断为中小出版社提供着专业化的需求和机会。[3]

（三）关于"全能型人才"

传统出版社正在流失受众是不争的事实，但传统出版媒体制作的内容并没有丧失市场，未来对传统出版媒体来说是依然是"内容为王"的时代。中小出版社曾经培养了大量以内容制作为主要任务的编辑人才，但在向全媒体转型的过程中，这种人才结构上的缺陷逐渐暴露。其他相关专业的人才，如新媒体人才、IT技术人才、资本运作人才的缺乏，都让中小出版社感到人才难得，求贤若渴；而现实情况是，中小出版社对上述人才缺乏足够的吸引力。于是，各中小出版社首先想到的解决办法就是自己培养"全能型人才"。这种方式其实存在着很大的不确定性：首先，这不是从中小出版社整体转型的宏观角度来看待问题，而只是从问题的某一方面或者某一环节来推动这种转型，"头痛医头，脚痛医脚"；其次，这个设想本身就有问题，虽说现实中确有一部分是通才式的人才，但大部分人才是专才式的，术业有专攻，不可能有很多的全才式人物出现，尤其是编辑角色。欧洲广播联盟培训委员会前主席艾力克斯·格尔里斯指出：提到新媒体对于新闻工作者的启示，思维需要非常灵活；成为复合型人才并善于学习新的技能；拥抱新科技，但不要忘记新闻的基本原理。习惯于传统出版模式下工作下的编辑，在新媒体大潮中，能否拜托思维定式顺利转型，是一个未知数。

三、中小出版社数字化转型路径探索

数字化转型是出版业的必然趋势，文化产业已被纳入国家总体发展战略，我国文化建设迎来新世纪的"黄金发展期"。当前国家对出版业数字化进程的支持力度是空前的，但近期投入的资金扶持主要集中在基础性项目上。国家的宏观支持不能代替出版社自身对数字出版产业的积极参与。对于中小出版社而言，可从以下几个方面探索数字化转型路径。

（一）增强互动性

互动性指的是操作者对虚拟环境中物体的可操作程度和从虚拟环境中得到反馈的自然程度。目前就新媒体现有的技术特性而言，利用得最差的是互动性。究其原因，互动需要媒体有相当的内在动力和真心投入。过去，传统中

小出版社对互动性未能充分重视，出版物几乎都是一次性产品，缺少与读者沟通、交流的有效方式，所以其江河日下也是必然趋势。而新兴媒体则更多强调与阅读群体的应用和互动，这种强调应用与互动的模式，中小出版社若能好好加以利用，那么在未来的全媒体架构中就会奠定比较厚实的阅读根基。

在目前的新兴媒体中，互动性做得最好的，当首推社交网络媒体。它的崛起，既给传统出版业带来冲击，也给其带来机遇与创新。虽然在很长一段时间内，传统出版社仍是出版物发行的主流渠道以及各类信息的主要呈现者，但社交网络的流行必定会推动目前中小出版社某些行事风格的转变。以微博为代表的社交媒体的兴起，正在改变出版人的思路，也将重新定义出版物发行模式。现在，任何人都可以写一小段话发到微博，再经过多次的评论、转发，最终有可能形成一种深度的思想。在这种开放式传播的冲击下，中小出版社要从中掌握与大众沟通、交流的能力，更要学会利用社交媒体这种传播介质，因为它升华了以纸张作为主要传播介质的媒体形态，从而弥补传统出版社在互联网数字信息时代缺乏互动性和立体传播的缺陷。这样既丰富了传播主体的媒体形态，也使得传播效果更加突出。资源发布和收集的通道一旦形成，就可以实现资源的大量积累。中小出版社的网站长期以来只是用来展示图书产品和对外宣传，与运营并无太大关系，在数字化转型时期，传统出版社可以充分利用其传统特色资源在网站中加入运营成分，如教育类中小出版社就可着力在网站上开发家庭作业、在线测试、课件等配套服务功能。

（二）精准定位

精确指向性强的思维和深度的思想永远不会缺失，或者说目前主要体现在深度出版或专业领域的知识传播传承。与互联网一起成长的"80后""90后"将成为消费的主要力量，这些核心用户群是新技术、新产品的主要消费者，他们最容易捕捉时代气息，最富有求新意识。阅读群体对象的转变，使得传统中小出版社将面临组织架构、营销策略等一系列变革，"新"公司将全面替代"旧"

公司。随着信息的发展,有价值的不是信息,而是注意力,注意力资源虽然是有限的、稀缺的,但实际上它折射的是人们心底的种种期待。媒体——无论是新媒体还是传统媒体——在多大程度上满足了人们的内心期待,就会在同样程度上受到人们的追捧与关注。[4] 因此,对这种人们内心期待的把握,就是中小出版社未来迫切的课题。没有精准的定位,市场定位也就无从谈起。

精准定位就意味着需要重新审视自己,清理原有观念,跟上时代步伐。中小出版社需要明确有哪些资源可以为我所用,自身的核心竞争力在哪,潜在的阅读者又有哪些……这都是企业盈利模式设置的前提,只有这样才能用好利润杠杆,设置利润屏障,以防竞争对手模仿。[5] 中小出版社由于规模、资金等制约,尤其需要在数字出版的基础性工作上多下功夫,从优势项目出发,走"专、精、特、新"之路,深入某一领域做透做强,构建专业领域的比较优势。中小出版社选择专业化发展道路是对自身实力正确审视的结果,同时也是读者多元需求和个性阅读的必然结果。数字出版的形式无论如何变化,其关键还是内容,推出适合数字化转型的优势项目才是核心。就目前中小出版社的数字转型运营情况看,与技术服务商、运营商的合作是主流,那么在合作之路上如何掌握主动权,则成为需要深入思考的问题。在利用优势资源的基础上,结合市场需求,将传统出版阶段形成的受众群体作为推广对象,策划具有市场前景的新形态产品。"没有优质的内容作支撑,数字出版将成为无源之水,无本之木",因为这是技术服务商和运营商最缺乏优质的内容产品。多元化、个性化读者需求必然造就多元的市场格局,会造就若干大的出版集团与众多中小出版社多足鼎立的局面,这也是出版市场的常态,即便在出版业非常发达的西方国家也是如此。

(三)传统编辑的转型

中小出版社培养了大量传统型编辑,他们精于传统的纸质媒体的编辑业务,有很强的实践工作能力。在数字化浪潮冲击下,这些受传统出版模式影响的编辑人才，在知识结构、编辑观念、时代思维方面都逐渐落后于互联网时代的要求。数字出版需要的是复合型人才，除却传统编辑必备的能力素质外，还应具备熟练的网络编辑、信息检索和新媒体运营能力等。

传统编辑的这种转型无疑是痛苦的，因为某种程度上这是对自我的一种否定。但应看到，传统媒体与新媒体在编辑工作上存在共通之处，在传统出版社里能做好编辑工作，在数字化媒体下也能做好编辑工作的概率就会很大。这就要求，传统意义上的编辑要更积极地去适应新媒体环境下的传播理念，掌握更多的传播规律和新媒体技能，如利用数字化工具获取信息的能力；利用新媒体发布、扩大信息影响力的能力；在信息泛滥的情况下，尤其看重判断、筛选、整合有价值、可靠信息的能力。以往，传统出版媒体着重于对信息内容的整合、再生产、再加工，而在新媒体时代，编辑可能更倾向于对信息内容的统筹、策划。这种角色的转换，意味着编辑对信息要有强烈的敏感意识及分析能力。当然，除了传统编辑人才的转型和储备，引进部分数字化专门技术人才也是推进中小出版社数字化的必要保证。

数字化转型已经成为中小出版社迫切需要解决的时代命题，但要真正实现数字化的华丽转身，要走的道路依旧漫长，需要不断摸索与实践，才能破解困局。数字化转型的进发号角已经吹响，传统媒体不再单纯地从事低端的原始信息生产，新媒体也不再单纯依赖传统媒体提供内容，新老媒体将通过跨界合作共同进行内容生产，经过多平台、多形式传播，实现规模化效益。

参考文献

[1] 柳斌杰.中国出版业的数字化转型之路[EB/OL].(2012-08-29)[2012-09-10]http://news.xinhuanet.com/book/2012/08/29/c_123643242.htm.

[2] 刘光牛,南隽,刘滢.全媒体发展趋势与对策分析[J].中国记者,2009(12):46-47.

[3] 孙庆国.进入畅销书时代[N].中国图书商报,2002-11-08.

[4] 王晓明.2012年什么最贵:注意力[J].视听界,2012(1):128.

[5] 师云.数字化转型需要转变什么?[J].出版参考,2010(12):12-14.

(成稿于2013年5月)

编辑史话

张寿镛编辑实践与编辑思想初探
——以《四明丛书》为中心的考察

张寿镛（1876—1945），字伯颂，号约园，浙江鄞县（今宁波市）人，著名财经专家、教育家、藏书家，光华大学创始人。在北洋军阀时期，张寿镛历任浙江、湖北财政厅厅长，有"善于理财"之誉。国民政府时期任江苏省政务委员、财政厅厅长、财政部次长、政务次长等职。任职期间，主张"藏富于民"，与民休息，废除苛捐杂税，量入为出，但终因时代局限，未能实现政治抱负而退出政坛，悉心投入办学和编刊乡献、著书立说中。他的事功表现在创办光华大学和编刊《四明丛书》，晚年用著作和讲学教育青年学子。"[1]

宁波是浙东望郡，因境内有四明山，故而泛称四明，到明朝洪武年间始称宁波。宁波人向来注重文献，尤其重视乡邦文献的编写、刊刻、整理和收藏，《四明丛书》就是一部编集宁波乡邦文献的郡邑类丛书，它的编辑者便是张寿镛。因其创办光华大学的卓越业绩，学界对张寿镛的研究视角，主要囿于办学实践和教育思想方面，笔者试图通过对《四明丛书》的考察，从编辑实践和编辑思想角度，探索这位学养深厚、博赡通贯的浙东学者对甬上子孙乃至对民族的贡献。

一、不遗余力搜集乡贤遗典,博采约收辑刊《四明丛书》

张寿镛出身于书香门第,据《民国鄞县通志》记载,其父嘉禄"搜罗宏富","为学贵实践,尤好宋儒书",著有《困学纪闻补笺》等。受家庭熏陶,张寿镛虽从政多年,但不忘读书、爱书,尤其酷爱收藏典籍。1902年编辑《皇朝掌故汇编》,由求实书社排印出版;1915年主编《浙江最近财政说明书》,是第一部清末民初浙江财政史资料汇编,有很强的文献和史料价值;1919年出版《约园理财牍稿》,记录他任湖北财政厅厅长期间的公牍文115篇,集中反映了他的理财思想和履职期间的具体措施。后来,他创办光华大学后被推举为校长,在此期间更是求访到不少善本、珍本,很多珍本都是从北平图书馆、天一阁、文澜阁、刘氏嘉业堂等公私藏书中辗转采访抄得的。无论誊写、雕版、印刷都没有得到政府的任何资助,全靠个人心力。[2]如他从北平图书馆借抄17种稀有之本,从刘氏嘉业堂借抄15种,这为其后来编刊《四明丛书》奠定了很好的基础。

张寿镛藏书日益增多,甚至到了以"私人之功而欲与秘图抗衡"[3]的程度,但他同时感慨:"藏书不能读,读而不能用,何必藏书?"[4]刊刻四明文献之意日益强烈。他于民国十九年(1930)开始编辑《四明丛书》,不遗余力收集乡贤遗典,"先取有关乡帮利弊,足资心身学问,而坊肆无传本,或传而未广者,若屡经刻印之书或卷帙过繁者,则皆从缓",并最大限度地保持文献的原貌,"凡有关乡帮文献,毫芒流落,仅存一二者,吉光片羽,为之编辑补缀,以资流传"。如他曾收集到惠江楼钞本《鄞志稿》20卷本,但缺其中列传卷六至卷十,寻寻觅觅,几经周折,后来终于求访到蒋学镛收录的卷六至卷十,完整地编辑在《四明丛书》第三集中。在冯贞群、陈汉章等好友的协助下,1933年2月刊出《四明丛书》第一集,使得浙东学术彪炳四海。张寿镛原本设计要编辑丛书十集,而且还设想了具体书目,但因抗战耽搁,第八集尚未成书,便辞世了。虽然他未能完成夙愿,但其编刊的八集丛书,共收集文献184多种,1184多卷,在浙江丰富的郡邑丛书中,脱颖而出,真正做到了在四明这块土地上"采千载之遗韵,收百世之阙文"。[5]

二、严谨审慎校勘《四明丛书》，引证史料翔实可信

张寿镛是一名学者，他不同于一般的书商，他治学严谨、校勘审慎的态度令后人敬仰。和其他地方丛书不同，张寿镛在《四明丛书》每一集前撰有总序，逐一介绍这一集所收录之书，每一篇末尾有跋，有序有跋，间有附录，体例可谓完备，这是它区别于其他地方丛书的最显著的特点。序中介绍史料的来源出处，跋中简述考订该文的经文，足见张寿镛编辑《四明丛书》的严谨态度。遇见有多种版本的文章，则"必取诸善本参校互异之处，择善而从"，如第二集中收"《张苍水集》九卷，《附录》八卷，《序跋》二卷，明张煌言撰，《附录》《年谱》二种，清全祖望、赵之谦编，族裔张世伦藏海滨遗老高允权本，参校永历黄氏藏本，顺德邓氏活字版"，[1]245 张寿镛收集《张苍水集》时，先后获得8个版本，他先根据这些版本进行初校，最后采用族裔孙张世伦收藏的海滨遗老高允权本和顺德邓氏活字版本，可见其校勘的审慎严谨。《四明丛书》卷帙浩繁，数量极为丰富，第一集142卷，第二集178卷，第三集185卷，第四集213卷，第五集104卷，第六集129卷，第七集162卷，第八集96卷，共1209卷。[1]242-252 从这个角度去考量地方丛书，《四明丛书》对浙东文化的传播更是功不可没。

三、注重学术渊源，浙东文化脉络清晰

《四明丛书》第五集收录《宋元学案补遗》100卷，《别附》3卷，《序录》1卷，清王梓材、冯云濠辑，《序录》由张寿镛撰写。《宋元学案》原由黄宗羲、全祖望、黄宗羲玄孙和王梓材等先后完成，共100卷，对宋元两代学术思想按照不同的流派进行系统总结。几番周折，《宋元学案》及后来的补遗原稿，为张寿镛所收藏，并被编入《四明丛书》第五集，为《宋元学案补遗》，共104卷，100册。张寿镛历时五个春秋来校勘编撰这集学案，编写条件也非常艰苦，他在《校刊宋元学案补遗识略》中曾用"纸如蝉翼，字细如牛毛，而分条剪裁，往往阔不盈寸。

当黏合处又欠牢固,一经手,翩然下坠"来形容原稿。学案属于学术专著范畴,有特殊的学术价值,是研究学术思想的重要资料,它和一般的传记和谱录不同,更注重学术脉络及其沿革的记录和师承关系的延伸。浙东四明乃文物之邦,学派林立,文人辈出,理清这些学派的宗世及支系,有助于了解浙东学术思想之滥觞及其发展规律。补遗前后收有400余人,这都是研究浙东学术思想史不可或缺的重要史料。[6]张寿镛在《四明丛书》第五集序中更是洋洋一万多字,对宋元四明贤哲的著作与学术渊源进行系统梳理,让浙东学术在神州大地熠熠生辉。所以,从某种程度上说,张寿镛在整理编选乡邦文献上的贡献要超过全祖望,全祖望虽也是倾毕生心血于此,但因其一介书生之力,终究是微弱的,尤其是在他作古后,许多珍本也随之失传。而张寿镛凭借其经济实力和影响力,让这些文献汇刊面世,不仅得以流传后世,还为后辈学人研究浙东学术文化提供宝贵的典籍资料。

四、诠释经世致用和兼容并蓄,体现浙东学派文化精髓

张寿镛曾经说过:"一生为人,不蹈小人一途者,皆阳明先生之学之赐也。"[7]在他创办光华大学的教育实践中也始终贯穿强烈的经世致用理念,倡导知行合一,足见以王阳明为代表的浙东学术对其的熏陶。浙东学术自汉唐时期开始初显端倪,历经宋元明各朝,最终在清代形成浙东学派。在这一发展历程中,形成了实事求是、学以致用的为学精神,转移风气、领异立新的学术品格,并先后有王充、王应麟、王阳明、万斯同等鸿博硕儒照耀师乘,成为在全国有重大影响的区域性学术派别。[8]爱国是经世致用最具体的表现,编写《四明丛书》时,正值日寇铁蹄蹂躏中华之际,张寿镛收集了大批节烈忠义之士的遗著,以鼓励中华儿女的抗日热情,尤其在第二集中收录的作者几乎都为流芳千古的斗士,如张苍水、陈良谟、万斯同等,使得这一集俨然成为抵抗外族入侵的战斗檄文。张寿镛在创办光华大学时,效仿北大蔡元培"兼容"方针,不拘一格罗致人才,

在《四明丛书》编辑过程中,他也是博采众长,兼收并蓄,体现了浙东学术的文化精髓。收集编著乡帮贤达文集,张寿镛敬恭桑梓诚意可见一斑,但是他并非没有选择标准,也并非仅仅固守四明遗著,冯贞群在《编辑四明丛书记闻》中记载:"先品其人,后品其学,审其所作,确乎可传,方为付刻。胡其所列,粹然一出于正,刊落奸佞,表章忠义,实有裨于世道人心,不独保存乡帮遗书也。"

我国最早刻印的一部丛书《百川学海》由古鄞山(今宁波)人宋朝左圭编写,因此浙东自古以来就有专辑四明掌故之作。但到了清末民初之际,浙江各郡邑的丛书如雨后春笋般见世,作为有刻印丛书传统的宁波反而落后了,在这个关键时刻,张寿镛挺身而出选刊乡贤著作,对于抢救性地保存地方文献,弘扬浙东文化,推动浙东学术文化发展具有非常深远的影响。广陵书社曾两度刊印《四明丛书》,掀开了这部编集宁波乡贤文献的历史面纱,以飨读者。

参考文献

[1] 俞信芳. 张寿镛先生传 [M]. 北京:北京图书馆出版社,2003.

[2] 周兴华. 宁波帮志·文化卷 [M]. 北京:中国社会科学出版社,2009:267.

[3] 苏精. 近代藏书三十家 [M]. 北京:中华书局,2009.

[4] 张寿镛. 约园杂著:自序 [M]. 民国三十年约园活字版.

[5] 张寿镛. 四明丛书 [M]. 扬州广陵古籍刻印本.

[6] 瞿嘉福. 张寿镛及其《四明丛书》[J]. 东南文化,1992(1):242-251.

[7] 张寿镛. 约园著作选辑 [M]. 北京:中华书局,1995:1.

[8] 李珹. 浙东学术与张寿镛的办学实践 [J]. 安徽师范大学学报:人文社会科学版,2009(4):426-429.

(成稿于 2014 年 2 月)

民国宁波籍编辑家群体的文化贡献与文化精神

民国时期的出版作为一种政治舆论空间、学术文化载体、国民经济产业，在时局变化中载沉载浮。五四后随着新文化运动的蓬勃兴起，书报刊在开启民智和传播新知识、新思想、新文化方面的作用备受国人瞩目，出版业得到飞速发展。宁波历来学风浓郁，学者辈出，宁波籍学人受"浙东学派"熏陶，对著书、文化和学问始终心存敬畏和向往，他们或著书立说，或创办、经营报刊，或编刻乡邦文献，涌现出了如张静庐、鲍咸昌、张寿镛、邵洵美、唐弢等一批杰出的编辑家。系统爬梳这个群体的文化贡献与精神共性，挖掘他们生成的地域文化基因与外在因素，对于当下社会主义出版文化建设是大有裨益的。

一、群体生成的地域文化基因

文化是有地域性的，地域文化以一种"集体无意识"的方式，潜移默化地影响和制约着该区域人的思维、认知、心理和性格的生成和发展。[1]当整体文化出现失落而产生变革时，地域文化便成为文化内部最具潜力和最活跃的因素。

（一）"浙东学派"的思想影响与精神传承

"最近三十年思想之变迁，虽波澜一日比一日壮阔，内容一日比一日复杂，而最初的原动力,我敢用一句话来包举它,是残明遗献之复活。"[2] 梁启超所谓"残明遗献"主要指的就是"浙东学派"。"浙东学派"在继承儒学传统的基础上,认为道德的实现不能只依靠个体的伦理完善,更重要的是增进社会成员的道德自觉,从而凝聚成为社会的共识,达到实现国富民强的目标。"浙东学派"代表人物为王阳明和黄宗羲,其"知行合一"与"经世致用"思想,更是成为宁波籍学人普遍遵守的为学原则,并对他们的思想、人格和人生实践产生重大影响。

(二)"西学东渐"后开启民智意识的增强

明清以来,伴随着西方殖民主义对东方的侵略,以科学技术为主要内容的西学向古老的中国发起了冲击。洋务运动则推进了"西学东渐",使对封建教育的改革由议论走向实践,开始仿效西方国家创办新式学堂,开展留学教育,并最终引发了新文化运动。开启民智,实行启蒙,使文化教育界处于前所未有的活跃气氛之中。第一次鸦片战争结束后,宁波成为东南五口之一,开埠通商,西方传教士在宁波创办起洋学堂,浙江第一所洋学堂、中国第一所女子学堂、浙江第一所男子洋学堂都办在宁波。外国教会先后在宁波各地办起150多所学堂,数量居浙江之首。这些教会学校在进行殖民主义文化教育的同时,客观上也为宁波培养了文化人才。

(三)宁波独有的海洋文化特质

宁波是河姆渡文化的发祥地,唐朝后期,明州港(今宁波港)已成为对日交流的主要港口。宁波开埠较早,外来文化涌入也早,加上濒海的地理位置,具有明显的海洋文化特质。海洋文化是一种鲜明的商业文化,它以大海为背景,大度、创新,它的包容性和多元性,使作为"舶来品"的外来文化与宁波地域文化交融互补、兼容并蓄,使之糅合成为勇于创新、敢为人先、担当务实的文化特质。

二、群体形成的外在因素

(一)新印刷技术的传入和民营出版业的兴起

鸦片战争后,随着新印刷技术的大量引进,手工印刷被迅速淘汰,这为书籍报刊的大量出版创造了条件,也为中国近现代机械印刷技术和整个出版事业的发展奠定了基础。铅排印刷技术大大缩短了出版周期,成倍地提升出版的信息量,文化传播效应和速度得到快速提高。新印刷技术也降低了出版成本,促进了民营出版业的兴起和发展,并在风云际会的民国时代,成为中国出版业的主导力量。商务印书馆、中华书局等著名出版机构在其崛起与扩张之时,培养了一大批杰出的编辑家,其中就不乏宁波籍人士。

(二)新文化运动对出版业的推进

"甲午战争后,近代出版编辑技术以全新姿态出现在近代社会变革的图景之中,为文化启蒙运动和出版产业化注入了革命性的因素。"[3]文化与出版息息相关,五四新文化运动依靠出版而开展得如火如荼,反过来,又推动出版的兴旺发达。"出版业近代化的一个重要标志,即它参与乃至引领时代思潮。"[4]尤其是一大批文化界、思想界泰斗式人物如陈独秀、胡适、鲁迅等成为出版活动在近代社会转型中有力的推动力量,他们将出版作为开启民智、改造社会的职业和理想。陈独秀创办的《新青年》宣传民主、科学,抨击传统伦理道德,提倡文学革命,掀起巨大的思想解放运动,并引发书刊出版的"井喷"。五四运动后全国出版的各类期刊达到几百种,宣传自由思想解放和社会科学图书大量出版。

(三)宁波商帮在上海滩中心地位的确立

新式出版离不开大都市的经济、商业、交通和文化环境,上海是民国时期中国出版业的中心。同时,上海乃八方商贾荟萃之地,宁波与之地缘相近,且人文相亲,可谓一苇通航。至清末,在上海的宁波人已经达到40万,约占当时上海居民总数的三分之一,到20世纪30年代,旅沪宁波人已达百万之众。[5]宁波籍商业巨子在上海的航运业、轻工业、棉纺织业等方面具有举足轻重的地位,他们在商界的雄厚实力也给宁波籍编辑家们在出版业上的建树带来积极的影响,因为他们中的大多数是通过亲友帮衬,从宁波来到上海打拼,然后在上海这座出版的中心城市将事业做得风生水起。

三、群体的编辑实践与文化贡献

（一）致力于出版事业的经营奇才——张静庐与上海杂志公司

张静庐（1898—1969）,镇海龙山（今属慈溪）人。张静庐自1914年起编印《小上海》《小说林》等小型报刊。1915年成为天津《公民日报》副刊编辑。五四运动中主持上海救国十人团联合总会机关报《救国日报》编务。1920年在上海任《新的小说》主编,同年成为上海泰东图书局编辑、出版部主任。1925年与人合办光华书局,与郭沫若创办的文学团体——创造社关系密切,并为其出版了不少刊物和图书。1934年成立上海杂志公司,是我国第一家以代订、代办、代理杂志发行业务为专业的新型书店,从此,张静庐走上出版商的道路。

张静庐的出版经营方略非常独特。首先,他通过多样的融资方式如募捐、邀股、举办读者俱乐部或预约出书等获取周转资金。其次,他看准市场需求,根据市场需要及时调整策略,如邀请施蛰存等名家推出"中国文学珍本丛书",掀起古籍出版新的高潮。为读者着想也是张静庐的营销策略之一,他在上海杂志公司推出"改订、退订绝对自由"的大胆经营方式,取得成功,足见其在出版经营上的远见与魄力。他还建立图书发行网,因地制宜设立分支机构,体现他利与自利相结合的经营理念。张静庐不仅在编辑出版的经营上有过人的才智,他在出版史学上也有造诣。他出版过多部编辑学著作,尤其是他的自传《在出版界二十年——张静庐传》成为研究中国现代出版的重要文献和珍贵史料。

(二)印刷技术的改良之父 —— 鲍咸昌与商务印书馆

鲍咸昌(1864—1929),鄞县人。鲍咸昌曾就读于基督教长老会创办的上海清心堂,后到美华书馆当学徒并成为一名排字工人。在洋人老板手下打工,常受欺凌,鲍咸昌认为与其寄人篱下讨生活,不如自立门户闯一番事业。1897年,鲍咸昌与哥哥鲍威恩、妹夫夏瑞芳一起创建商务印书馆。起初,这只是一家手工作坊式的小印刷所,七八部印刷机,十来个工人。他们从承接名片、小广告之类的小印刷业务做起,后筹集股金3750元,商务印书馆正式开张。

鲍咸昌精通业务,擅长管理,他积极探索铅印、石印新方法,不断提升印刷质量。1900年,商务印书馆率先使用纸型印书[①];1904年首用著作权印花。同时,他推行一套有效的管理制度,奖罚分明。商务印书馆印刷成绩斐然,声名鹊起。鲍咸昌特别重视印刷设备更新和技术改造,不惜重金聘请外国相关专家来商务印书馆传经送宝,同时派遣技术人员到国外学习考察。商务印书馆的学养与人脉得益于一批文化界知名人士的加盟,先是夏瑞芳邀请到翰林出身的张元济,并通过张元济吸引众多学者。在此基础上,鲍咸昌聘请到王云五、郑振铎、叶圣陶等著名专家进入商务印书馆,革新了《小说月报》《学生杂志》《妇女杂志》等,创办了《儿童世界》《小说世界》,出版了《世界文学名著丛书》《四部丛刊初编》等。商务印书馆成为当时全国最大的出版企业,其综合实力不仅在国内首屈一指,在远东各国也是声名显赫的,为中国近代出版业的崛起作出不可磨灭的贡献。

(三)乡贤乡邦文献的刊刻者 —— 张寿镛与《四明丛书》

张寿镛(1876—1945),鄞县人。辛亥革命后,张寿镛历任浙江、湖北、山东等省财政厅厅长。1925年五卅惨案后,因圣约翰大学美籍校长侮辱中国国

---

① 纸型印书是指以特种纸张覆于活字版或其他原版上压成的阴文纸质模版。

旗,时任淞沪道尹的张寿镛在交涉善后的同时与500多位离校师生一起,创办光华大学并任校长。张寿镛藏书丰富,从1920年到1939年间,私人藏书达20万卷。他感慨"藏书不能读,读而不能用,何必藏书"[6],1930年起开始编刻《四明丛书》。

《四明丛书》是一部编集宁波乡邦文献的郡邑类丛书,收集宁波历代先贤著述,张寿镛为此不遗余力。"《四明丛书》卷帙浩繁,数量极为丰富,第一集142卷,第二集178卷,第三集185卷……共1209卷。"[7]编辑《四明丛书》,张寿镛"博采众长,兼收并蓄,体现了浙东学术的文化精髓"[8]。宁波自宋元以来,为浙东学术重镇,理学大师兴盛于此。明清时期也是鸿儒辈出,著作丰富,但是失传过半,未刊者众多,即使刊刻得到流传的更是少之又少。张寿镛刊刻《四明丛书》无疑是一次抢救性地保护地方乡贤文献遗著的壮举,为弘扬浙东文化,推进浙东学术文化发展作出了卓越的贡献,也为后辈学人研究浙东学术文化提供宝贵的典籍资料。

(四)散尽千金的诗人出版家——邵洵美与时代图书公司

邵洵美(1906—1968),祖籍余姚。邵洵美出生于上海,家世显赫,是"新月派"代表人物。1928年起,邵洵美开始创办书店、出版书刊。先是作为狮吼社的主要成员主持社务创办《狮吼》月刊,后又创办金屋书店和《金屋》月刊。1932年创办上海时代图书公司。抗战期间,他和美国人项美丽合办《自由谭》月刊,提出"追求自由"的办刊理念,并在《自由谭》英文版上连载毛泽东的《论持久战》。

诗人邵洵美做出版,唯美不唯利,不以谋利为旨,而且常在亏损情况下依然全身心投入经营,因此从经营角度上说,他不是一个成功的出版商,但是他开办的时代图书公司出版了一系列有影响力的期刊如《新月》《论语》等,培养了一大批有影响力的作家、编辑家和画家,如夏衍、叶浅予等,大名鼎鼎的《良友》画报就曾经一度在他名下的时代印刷厂印刷。著名漫画家黄苗子说:"没有邵洵美的时代图书公司,就没有中国漫画,特别是三十年代蓬勃发展的中国漫画。"邵洵美的出版实践与出版思想为当时富有才华的青年人搭建起展示文学、绘画和翻译才能的空间,积极推动中国新诗创新和创作。他名下的出版物被称作是"上海最精致的,最讲究的,也是最昂贵的",他有句名言:"钞票用得光,交情用勿光。"他"为文化"而出版,毁家兴书,有"海上孟尝君"之称。他将提高大众整体文化作为编辑宗旨,为中国现代编辑出版耗尽家产、散尽千金。

(五)敢为民众喉舌的报人 —— 金臻庠与《时事公报》

金臻庠(1896—1966),镇海人。1920 年,金臻庠与人合办《时事公报》(后改名为《宁波时事公报》),苦心经营近 30 载,《时事公报》为民国时期在宁波本土出版时间最长、发行量最多、社会影响最广的报纸。[9]254

金臻庠自小个性倔强,在教会创办的斐迪学校就读时,因不满外籍校长凌辱学生发动罢课遭开除。后到上海钱庄做学徒,几经周折,回到宁波筹办钟灵小学并亲任校长。五四运动后,因投书无门,决心自己创办"敢为民众喉舌"的报纸,宣传爱国思想,启迪民智。1920 年 6 月 1 日,由于右任题字的《时事公报》创刊面世。这份综合性日报最多时发行量达到 1.5 万份,发行至沪杭甬各地。除了日军占领宁波的那几年外,《时事公报》从未停止发行。

金臻庠的办报理念就是"敢为民众喉舌",创刊号上曾发表他的办报宗旨:"本报发起之初旨,勿以浪漫文字相惠顾。各本心得之主张,以事实为根据,发挥讨论以达改造思想和社会之目的。"[9]254 他曾因大胆刊发社评《兵化为匪之可危》被当局羁押,但报纸却因此而声誉大振、销量猛增。他擅长组织重大新闻的连续报道,对当时上海五卅惨案密切关注,开设专栏,从 6 月初一直延续到 8 月初,体现了一位民营报人强烈的爱国情怀。淞沪抗战爆发后,《时事公报》更是动用动态消息、各方专电等方式,对淞沪战事进行长达三个月的报道,同时发动宁波民众捐款捐物,支援抗战前线。

(六)丁景唐、张一渠、唐弢、张明养、魏炳荣的编辑实践与编辑贡献

丁景唐,镇海人。18岁时创办刊物《蜜蜂》,1944年任《小说月报》编辑。他积极投身党的文化统一战线工作,为当时上海作家与解放区、原大后方作家之间开展广泛合作作出贡献,也为他在日后成为编辑大家打下坚实的基础。

张一渠,余姚人。1928年任上海总商会《商情月报》主编。1929年受聘为泰东图书局经理。1930年集资创办儿童书局,并于次年担任经理,迅速发展业务,至抗战前夕,儿童书局共出版各类儿童读物和教育书籍上千种。此外,他还担任《申报》教育栏的主编。

唐弢,镇海人,著名文学家。1945年与柯灵合办《周报》,开展反内战运动。与《文汇报》文艺副刊《笔会》负责人一起主编《鲁迅全集补遗》,收录鲁迅1912~1934年的文章51篇,鲁迅笔名补遗9个,此书被上海出版公司列为"文艺复兴丛书第一辑"。

张明养,宁海人。1930年考入商务印书馆,任《东方杂志》编辑。1932年《东方杂志》复刊后,受胡愈之邀请主持工作,且亲自撰稿。《东方杂志》在上海当时的"文化围剿"中能继续发挥进步作用,张明养功不可没。1934年协助胡愈之创办《世界知识》,任编委。1937年与谢六逸合编《国民周刊》。1942年赴重庆复旦大学任教,同时任《文摘》编委。

魏炳荣,余姚人。年轻时在上海鸿宝斋书局当学徒。1906年受邀入股任广益书局经理,1910年在上海创办文华书局。1922年在上海设立世新印刷所及大生书局。世界书局创办时,为创办人之一,任经济董事,为世界书局最早出版的有光纸本教科书提保赊纸,并由世新印刷所印刷,后成立上海印刷厂。[10]249

四、群体的文化精神

近代宁波籍编辑家们受"浙东学派"的熏陶、海洋文化的浸润和西学东渐的影响,强调"经世致用",关注现实政治事务和社会民生,敢为人先,开拓创

新,见利思义,谋求出版救国,这已经凝练成为他们的精神共性。

(一)敢为天下先的文化创新精神

宁波人敢为天下先。这种可贵的开拓精神使宁波籍编辑家们在编辑出版领域中领风气之先,他们在行业内创造了多个"第一"、多个"之最"。鲍咸昌作为商务印书馆的缔造者之一,栉风沐雨、砥砺前行,带领商务同人将最初一个小小的印刷作坊,逐步发展成为中国首屈一指的出版机构,为开启民智、昌明教育、普及知识、传播文化、辅助学术作出重要贡献。自成立起到1919年,商务印书馆已经创造了出版的23个"第一","以其历史之悠久,经营之成功,书刊之众多,影响之广发,在近现代出版史上,无有出其右者"。[10]19张静庐是一位有远见、有胆魄的出版家,其大胆创新的编辑理念非常突出。他与人合办的光华书局,是上海第一家专出新文艺书刊的出版机构;他创办的上海杂志公司,是我国第一家以代订、代办、代理杂志发行业务为专业的新型书店。邵洵美创办的图书时代公司名下的《时代漫画》是民国时期我国出版时间最长、影响也最大的漫画刊物。金臻庠的《时事公报》是民国时代宁波报刊史上刊行时间最长、发行量最多、社会影响最广的报纸。历代文人重视乡贤遗著和乡邦文献者不乏其人,但像张寿镛那样凭一己之力独自编刻《四明丛书》却是极为罕见。

(二)见利思义的文化自觉与责任担当

"出版社有两副根本面目,理想的一面和商业的一面,一家出版社的名声在很大程度上取决于二者的调和程度。"[11]近代出版史上几大出版机构如商务印书馆、中华书局、世界书局等,都得益于其主持人不仅仅是一位持筹握算的生意人,同时更是一位具有文化理想和文化自觉的出版人。张静庐在自传中有精彩的论述:"钱,是一切商业行为的总目标。然而,出版商人似乎还有比钱更重要的意义在上面。以出版为手段而达到赚钱的目的;和以出版为手段,而图实现其信念与目标而获得相当报酬者,其演出的方式相同,而其出发的动机完全两样。"[12]3-4 正因为如此,他才敢自信地宣布:"我是'出版商'而不是'书商'。"[12]136-137 这番论述彰显其作为出版人强烈的文化自觉和责任担当,这份自觉和担当也造就了他在中国文化史和出版史上的地位。邵洵美虽算不上是一位特别成功的出版家,但其毁家兴书,"为文化"而出版的理念更显示其文化人格的高洁。张寿镛编刻《四明丛书》,更是凭个人心力,无论誊写、雕版、印刷,都没有得到政府的资助。

(三)救亡图存的爱国情怀

编辑出版大家张元济先生认为,"出版之事可以提携多数国民似比教育少数英才尤为重要"。民国时期的宁波籍编辑家们也是抱着"救亡图存"的爱国情怀,利用书刊为传播载体,在开启民智、抵御外来侵略上发挥自己的作用。张静庐的上海杂志公司在抗战期间出版大量宣传抗日救亡的书刊,总计出书上千种。商务印书馆在遭到毁灭性的轰炸后,提出"为国难而牺牲,为文化而奋斗"的复兴口号,彰显拳拳报国之心。邵洵美以各种笔名在《自由谭》上刊发富有战斗气息的短论,揭露日寇的暴行和汉奸的无耻行径;同时,他借《自由谭》向读者推荐毛泽东的《论持久战》,称它是一部"人人能了解,人人能欣赏,万人传颂,中外称赞"的作品,并将其在英文版上连载。[9]239 金臻庠的《时事公报》对五卅惨案进行三个月的连续报道,展现团结御侮的爱国媒体形象,抗战时期更是在做好新闻舆论的传播者和引导者角色的同时,履行保家卫国的组织者和执行者角色。《时事公报》花一个多月时间刊登慰劳前线将士的广告:"前线将士,喋血拼命,为谁牺牲?后方同胞,安居乐业,受谁之赐?恳求通报,眼光放远,良心放平,有钱捐钱,有物捐物,快来慰劳为国牺牲诸将士!"[9]252

马克斯·韦伯指出,与学者相比,新闻出版人士所承担的责任"不但毫不逊色,而且较学者有过之而无不及"。[13] 在近代社会转型中,新出版的主潮、历史进程与整个社会以及思想文化的近代进程是高度一致的。[14] 其主要原因就在于有一群包括宁波籍编辑家在内的有识之士,将出版作为开启民智、改造社会的"促媒和助动器"。[14]他们为后世留下了深厚的文化积淀,今天的出版人可以从他们身上汲取营养,发扬光大。

参考文献

[1]黄健."两浙"作家与新文学[M].杭州:浙江大学出版社,2008:3.

[2]梁启超.中国近三百年学术史[M]//梁启超论清学史二种.上海:复旦大学出版社,1987:123.

[3]施威,刘青,曹成铭.近代编辑技术的形成、演进及其历史价值[J].编辑之友,2015(11):92-96.

[4]夏慧夷.近代浙江出版家群体研究[M].杭州:浙江大学出版社,2014:211.

[5]历史上的宁波帮在上海[EB/OL].[2016-06-06].http://bolg.sina.com.cn/s/blog_4838a8830-100wtbh.html.

[6]张寿镛.约园杂著:自序[M].民国三十年约园活字版.

[7]张寿镛.约园著作选辑[M].北京:中华书局,1995:1.

[8]张文鸢.张寿镛编辑实践与编辑思想初探——以《四明丛书》为中心的考察[J].中国出版,2014(3):67-68.

[9]周兴华.宁波帮志·文化卷[M].北京:中国社会科学出版社,2009.

[10]吴永贵.民国出版史[M].福州:福建人民出版社,2011.

[11]戴仁.上海商务印书馆1897—1949[M].北京:商务印书馆,2000:3.

[12]张静庐.在出版界二十年[M].南京:江苏教育出版社,2005.

[13]马克斯·韦伯.学术与政治[M].上海:生活·读书·新知三联书店,1998:78.

[14]王建辉.思想文化史上的近代出版[J].武汉大学学报:哲学社会科学版,1999(1):123-128.

(成稿于2016年11月)

编辑史话

一张成熟的"新闻纸"：
民国《时事公报》及其传播指向

第一次鸦片战争后，宁波被列为五口通商口岸之一。来华传教士们在宁波开始了近代出版和创办报刊的活动，如：1845年美国长老会传教士柯理将所办的近代印刷所从澳门迁至宁波，取名为"华花圣经书房"；1854年美国浸礼会玛高温在宁波创办了近代中文报刊《中外新报》，为浙江新闻报刊之始；等等。作为在通商口岸扩张殖民势力尤其是文化控制的手段，外籍报刊在客观上也为宁波近代报业的发端提供了技术基础和仿效模式。其经营过程中的一个显著特点：雇佣宁波本土文化人担任主笔，这使得一些宁波新闻出版的先行者得到了充分的锻炼，为宁波本土报刊的创办奠定了基础。民国初肇，伴随着政党活动的频繁，报刊也如雨后春笋般创办发行。特别是在五四运动的召唤下，宁波也成了报刊事业发达的一方重镇。其中金臻庠创办的《时事公报》历史最久、发行量最多、影响面最广，其传播指向也最为清晰。

一、热血青年自筹资金创办《时事公报》

1919年5月7日，为声援五四运动，由宁波效实、四中等几所中学学生组成的"学生团"，在甬城掀起了声势浩大的揭露奸商、查禁日货的爱国运动，其中以"救国十人团"最为有名。"救国十人团"由记者、小学教师、工人等组成，团长为当时的钟灵小学教师金臻庠。他们为揭发奸商罪行,数次投稿当地大报,均遭拒登。愤懑的金臻庠等,决定自筹资金,自办报纸、自己发声。1920年6月1日,《时事公报》创刊,金臻庠任经理,乌一蝶、庄禹梅、张虬公等任主笔,每日出版对开一大张。

《时事公报》甫一出版,便高举反帝大旗,查禁日货、维护国货,为爱国青年提供了言论阵地,并发出了时代的强音。同时,坚持新颖的经营理念,终于在激烈的报业竞争中站稳了脚跟后,销量一路领先,很快便取代当时的大报《四明日报》。除日军侵占宁波的5年外,《时事公报》的出版工作从未间断,并成为民国宁波报业中历史最久、发行量最大的民营报纸。

二、一张成熟的"新闻纸"

宁波自开埠以来,办报者不乏其人,问世的报纸也络绎不绝,但大多也是昙花一现。唯独《时事公报》从一家毫无背景的小报,发展成为能与一些大报颉颃的民营报纸,得益于开辟草莱的金臻庠的苦心经营,得益于报纸蕴含的现代新闻精神。

(一)主笔才华横溢,编排有"大报"水准

宁波受浙东学派浸润,文人论政的思想基础好。加上近代已降,宁波众多外籍报纸的纷纷创办,客观上给宁波的文化人提供了立言平台。《时事公报》的青年主笔们,不仅热血爱国,而且个个才华横溢。"《时事公报》诸人,皆为一时之秀。主笔乌一蝶,思想前进,落笔云烟。电讯编辑张虬公,理论精辟,铿锵有声。……小品编辑庄禹梅,取材多方面,雅俗共赏,颇为读者欢迎。"[1]庄禹梅因所著杂文风格类似鲁迅,更有"宁波鲁迅"的美誉。值得一提的是国民党元老陈布雷早年也曾在该报担任主笔。这些文化人是《时事公报》的灵魂,他们用手中的笔担起了为民代言、舆论先导的社会重任。

起初,《时事公报》每日出版对开一大张,后扩充为一张半、两张,1922至1933年曾出版对开三大张。在篇幅、版式和栏目设置上都达到了当时的"大报"水准。分设广告、评论、国内外电讯、本省本地新闻等,还设有副刊。

(二)立场独立,有明确的办报方针

《时事公报》在创刊启事中明确了办报方针:"本社发起之初旨,勿以浪漫文字相惠顾。各本心得之主张,以事实为依据,发挥讨论以达改造思想和社会之目的。"[2]在创刊首月,每期报纸的一版醒目位置以特大号字刊登"宣达民隐""社会先导""代表言论""国民喉舌"等字样,这些都是来自宁波社会各界知名人士的祝词,彰显其为民代言、启迪民智的办报方针。

金臻庠办报,以无党无派自居。为表明办报的独立立场,《时事公报》曾在发表的短论中指出:"本报之报道评论,以大众利益为前提,从不因一方请托而作违心主张,坚定报人岗位,不负舆论职责。这是我们的信条,是毁是誉,听之而已。"① 正因为如此,直到今天,《时事公报》仍然具有其他报刊无法替代的史料价值。

(三)新闻视角敏锐,有企业化经营理念

金臻庠虽然没有学过新闻学,但却表现出很强的新闻敏锐性和洞察力。他重视新闻报道的快速、准确,很少召开编辑部大会,多是个别谈话,或就当天的重大事件召集外勤记者谈话,花几分钟就布置好任务。他非常重视独家新闻,每天比对其他报纸,圈出"人无我有"新闻的进行奖励,以此来调动外勤记者的积极性;对于"人有我无"的新闻也一一找出,总结经验,以求改进。抗战前夕,他设法从上海买得短波收报机,聘请专业人员,开设了电讯室。这在浙

---

① 参见宁波市政协文史资料委员会:《风雨见真情》(宁波文史资料:第十辑)1991年第30–31页。

东报纸史上是创纪元的举动,[①] 由此也提高了报纸的发行量和广告投入量。

《时事公报》创刊首年由意大利商人卜郎尼(音译)出面注册,报社"交悬五色国旗(其时宁波犹在北洋军阀控制之下)及意大利国旗。第二年,取消意商,改为股份制有限公司组织,资金增至7350元,组织董事会"。[1]《时事公报》在经营中,非常重视广告的经济收入。在版面设置中,广告所占份额大,独占报纸第一张的一、二两个版面。报纸从创立之日起,采取连续三天免费奉送的策略,并连续十天刊登社会各界贺词。办报当年发行967份,一年后就达到了1841份,后发行一路上升,其中1940年到达顶峰,发行15000份,创当时浙东报纸发行记录。[②]

三、为民喉舌的传播指向

传播指向是指在信息传播过程中所秉持的决定传播方式和方法的核心理念及其传播的受众对象。[3]《时事公报》创办20余年,秉持"为民喉舌""民众先导"的办报理念,有着非常清晰的传播指向。

(一)针砭时弊,为民鼓呼

《时事公报》一方面丰富时政内容,以满足广大民众的信息需求,一方面以报纸为平台,以评论为载体,监督甚至批判政府作为。创刊初期,针对北洋政府军人争权、穷兵黩武导致民不聊生的现状,先后发表《军阀之罪恶》《战祸将永无了期邪?》等评论。三·一八惨案发生后,张虬公以《段政府之末路》为题,对段祺瑞政府对内屠杀民众、对外卑躬屈膝的丑恶行径进行了严厉的批判和谴责,"段政府之对外既如此之恭顺,对内复用此高压手段,可知段政府之目中

---

① 参见宁波市政协文史资料委员会:《新闻出版谈往录》(宁波文史资料:第十四辑)1993年第53—54页。
② 参见"新闻报纸杂志登记申请表",资料来自《宁波档案馆鄞县政府全宗6号卷》。

只有帝国主义,而不知有国家有人民,故不惜牺牲民众以为外交之贡献。否则段无以外交之关系,压抑民众,残杀学生,而由此保全利禄之卑鄙行为,是段政府之见弃于国人者,亦有自取之道矣",彰显地方民营报纸追求民主和统一的强烈社会责任感。

《时事公报》立足宁波本土,对地方政府不顾民瘼的作为也是毫不留情地进行抨击。如1934年夏,国民党鄞县党部推行所谓"新生活运动",要求上街拉车的人力车夫必须穿长衫,否则进行罚款。对此,《时事公报》不畏与当权者发声正面冲突,发表多篇言论进行抨击,以强大的舆论造势,迫使鄞县党部撤销这项规定。

(二)爱国反帝,伸张正义

《时事公报》的创办源于"救国十人团"要求严惩奸商、查禁日货、保护民族工商业的浪潮,自带爱国反帝基因。作为民营报纸,在当时的时代背景下,为了民族大义,始终不渝地坚持反帝爱国、维护国家主权,实在是难能可贵。五卅惨案发生后,《时事公报》对此进行了两个多月的连续报道,这既是对上海人民的反帝斗争的声援,又极大地凝聚了宁波市民的爱国热情。抗战爆发后,《时事公报》积极投入救亡图存宣传报道中,派出记者深入抗战一线,每日刊发大量电讯、文稿,并将副刊"珊瑚网"改名为"挺进",揭露日本帝国主义的罪恶行径,讴歌中国军民保家卫国的英勇事迹,鼓舞宁波民众的抗日信心。《时事公报》对淞沪抗战的全方位报道历时三个多月,并连续在第一版刊登一个多月慰劳前线抗战将士的广告:"前线将士,喋血拼命,为谁牺牲?后方同胞,安居乐业,受谁之赐?恳求同胞,眼光放远,良心放平,有钱捐钱,有物助物,快来慰劳我为国牺牲诸将士!"日本法西斯在宁波投放鼠疫细菌,1000多市民罹难,《时事公报》除及时报道消灭鼠疫的动态进程外,发增刊刊登大量有关鼠疫的科普文章,这些报道后来都成为日军在华发动细菌战的有力证据。

在刚正不阿的金臻庠的带领下,《时事公报》坚持真理、伸张正义,政治倾向进步。20世纪20年代初期,刊发"马克思主义是什么"一文。"四一二"反革命政变后,《时事公报》采用隐晦的文笔刊登牺牲烈士英名。报纸的主笔庄禹梅是中共党员,是金臻庠的得力助手,金、庄二人还曾因得罪宁波镇守使而银铛入狱。金臻庠常说"报纸不封不是好报纸,编辑不抓不是好编辑"。[①] 后期,《时事公报》还将副刊"珊瑚网"改名为"四明山"(四明山为中共领导的革命根据地)。1948年6月中旬,宁波地下党组织遭到严重破坏,6月18日该报刊载"知识青年多人被捕"新闻,并提到具体被捕人员的职业及姓名,被特务认定是"金臻庠通知共党分子赶快逃走"的举动。事实上,这确实起到了协助我党相关同志及时撤离的作用。

(三)立足本土,服务桑梓

一张民营报纸之所以有广大市民作为拥趸,还在于其报道的新闻立足宁波本土、关注本地民生。《时事公报》的地方新闻版块名为《四明新闻》,设有本地新闻、社会写真、公告、评论等栏目,围绕政府事务、社会公共事务、社会新闻、经济生活等方面展开报道。[4] 如《外洋渔业局之筹备》《提议女子蚕业传习所》《死灰复燃之聘金案》等报道,既客观报道地方政治事务,又在广大民众的生产和生活信息中传递鞭挞旧观念、推崇新风尚的传播立场。

20世纪40年代,《时事公报》专门开设《经济新闻》栏目,其中"上海商讯"主要针对在上海经商的宁波人众多的特点,报道上海商情,为留守宁波的上海商人提供资讯。《长空放晴米谷轧小 囤风愈烈生油狂跳》《工商业危机!杭州布业倒闭七八十家》等夺人眼球的题目则属于反映经济运行状况的"每日商情"。"市价"则介绍宁波市场上每日的柴米油盐布等民生息息相关的市场交易价格。

《时事公报》创刊于1920年6月1日,1941年4月9日宁波沦陷,报纸被

---

① 参见宁波市政协文史资料委员会:《风雨见真情》(宁波文史资料:第十辑)1991年第30—31页。

迫停刊，金臻庠赴上海避难。敌伪占领《时事公报》时，金臻庠及时致电国民党中宣部，并在上海和浙江各大报纸上刊登声明，谴责敌伪盗用报纸的行径。抗战胜利后，为防地方当局阻挠，金臻庠将报纸改名为《宁波时事公报》，于1946年2月11日复刊，直至1948年10月24日被以"造谣惑众"罪查封。在近30年的办报历程中，《时事公报》坚持"为民喉舌""民众先导"的传播立场和指向，发挥着左右宁波民众视听的舆论先导作用，称得上是宁波报业的翘楚，对今天的报业经营仍具有借鉴和启示作用。

参考文献

[1] 宁波报业史话 [M]// 宁波艺文什志. 台北：民主出版社，1978：30.

[2] 本社启事 [N]. 时事公报，1920-06-01.

[3] 朱进东，韦仕祺. 延安时期报刊马克思主义传播的人民指向——《解放日报》《边区群众报》的演变脉络 [J]. 中国出版，2019（22）：69-71.

[4] 周军. "国民喉舌"和"民众先导"——《时事公报》研究 [D]. 杭州：浙江大学，2007：43.

（成稿于 2020 年 12 月）

民国浙籍编辑家群体的编辑贡献与文化精神

出版是人类文明得以传承和发扬的路径和工具，一部出版史，其实就是一部人类的文明史。1898年，维新变法运动在中国拉开了近代史的帷幕，由此，担负着传播先进思想文化重任的近代出版业，在新旧印刷技术的交汇之际，得到了空前的发展。活跃在出版业的知识分子中，涌现出一个特殊的群体，那就是民国时期浙江籍编辑家群体。他们在当时的各大出版机构担任重要角色，为开启民智和传播新知识、新思想、新文化的近代出版作出卓越的贡献。

一、民国浙籍编辑家群体生成的地域文化基因

文化是有地域性的，地域文化以一种"集体无意识"的方式，潜移默化地影响和制约着该区域人的思维、认知、心理和性格的生成和发展。[1]浙江历来就被称为"文献名邦"。人文渊薮，精英荟萃。隋唐以降，随着大运河南北贯通，浙江成为名副其实的经济文化大省。文教兴盛、学术活跃的历史传统更显示了浙江深厚的文化底蕴。

（一）"浙学"和典藏文化的影响

"浙学"[①]是我国最有活力的地域文化形态之一，南宋以降，历经700余年，成为浙江社会发展的文化动力。尤其是以黄宗羲、王阳明为代表的"浙东学派"倡导的经世致用、知行合一，对民国时期浙江籍学人的为人处世产生重大影响。梁启超曾指出："最近二十年思想之变迁，虽波澜一日比一日壮阔，内容一日比一日复杂，而最初的原动力，我敢用一句话来包举它，是残明遗献之复活。"[2]这里的"残明遗献"指的就是"浙东学派"学说。南宋以来，江苏和浙江两省的藏书文化最为丰富，其中浙江的藏书楼以名家多、规模大著称，在为保存和传播古代文化发挥重要作用的同时，也确立了保存典籍的意识，让后辈学者对书籍的保护和流通产生敏感性，催生出版市场意识的萌芽。

（二）新旧文化转换中"两浙"文化的脱颖而出

经世致用、刚柔并济和开拓创新，是"两浙"[②]文化作为地域文化在文化构成的原型要素上体现出的主要特征。这种特征使得两浙区域成为接纳各种新思想、新文化、新生产方式和生活方式的登陆点和接纳点。"江南财赋地，江浙人文薮"，是吴越大地在唐宋之后繁盛的真实写照。"鸦片战争之后，中国传统文化由意义的整体失落而呈转型之势。"[3]就是在这样一个特定时期，原本蛰伏在中心文化之中的"两浙"地域文化因子被唤醒，成为那个时期最活跃的文化因子，成为中心文化失落时期的精神慰藉和文化依托，并进而为文化的"创造性转化"提供质料。

---

① 指浙江历史上儒家学派的集合，它们的学术观点有较强的共性，历史上前后衔接，较为连贯，都强调"经世致用"。
② "两浙"从区域文化概念上说属吴越文化区域。一般而言，浙东属越文化，文化性格偏刚烈，浙西属吴文化，文化性格偏柔性。

(三)海外留学和翻译活动的兴起

洋务运动期间,清政府成立了专门的译书机构,翻译出版了一批科学著作。甲午战争后,当时的浙江地方政府开始正式选派留学生,1903年底浙江在日留学生达到153人。[4]辛亥革命前后,浙江的留学浪潮进一步高涨,留学国家拓展至欧美等国。频繁的对外交流与贸易,催生了翻译出版机构,尤其在上海,各类民办翻译机构众多,成为翻译人才的摇篮。浙江与上海一衣带水、人文相亲,当时有大批的浙江文人到上海译馆从事翻译工作,并且从事国外科技类书籍的翻译出版发行工作。

二、近代重大社会事件推动出版业的转型变革

辛亥革命不仅仅是一场深刻的社会革命,而且还是一场思想启蒙运动,它推动了近代科学和思想在中国更广泛的传播。在这个时期,国人兴起创办报刊热潮,数量众多,门类齐全,成为传播科学知识、宣传科学思想的重要途径。同时,在社会变革潮流的冲击下,新式学堂也如雨后春笋般创办起来,且纷纷设置自然科学类课程,科学教育水平得以提升。出版发行科技类书籍的翻译出版机构,在这个时期也发挥着重要的作用。

五四新文化运动高举科学和民主的旗帜,催生了现代出版业。现代出版业支持新文化运动,尝试新的出版领域,并很快得到市场的热烈响应:出版物数量激增;出版物结构发生重大调整;出版物语言形式发生变革;出版与文化社团紧密结合。[5]

民国出版的"黄金十年"(1927—1937),使出版业三大巨头——商务印书馆、中华书局和世界书局的规模得到扩充,而这三大巨头的主要负责人皆为浙江人。一些中小书局的力量也得到壮大,出版市场上涌现出又多又好的出版物。

三、民国浙籍编辑家群体的编辑实践与文化贡献

浙籍编辑大家张静庐曾说过,"在上海市场上,有钱的资本家宁愿做交易而挺不高兴办文化事业,想招投非常困难"。[6]作为一种文化事业的民国出版业,得不到大资本的投入和支持,使得当时的知识分子成为现代出版的中流砥柱,而其中从"两浙"文化圈里走出来的文化人,以其深沉的民族忧患意识和敢为天下先的精神,谱写出民国出版业的新篇章。这些编辑家中有学贯中西的大文豪,也有深谙经营之道的大企业家,笔者按照他们在中国出版史上最为突出的事功,分为以下四类。

(一)作家型编辑家群

在中国现代文学史上,鲜有作家是单纯依靠写作为生的,他们从事过很多职业,最为突出的当属编辑工作。在中国社会大转型中,兴办报刊成为知识分子启蒙社会、传播新思想新文化的重要手段。

1.鲁迅:"愤激"的文学家与"纯粹"的编辑家。

鲁迅,绍兴人。他在中国现代文学史的地位自不待言,"鲁迅的小说,尤其是'呐喊'系列,有着沉实的攻击热情,杂文则干脆是匕首投枪"。[7]在30多年的文化活动中,鲁迅除了为中国现代文学史留下宝贵的原创文学财富,而且还参与编辑杂志近20种、出版图书70余种,是当之无愧的大编辑家。

他早期的学术活动主要是从事中国古籍的选编、校勘工作,辑录完成的《会稽郡故书杂集》《小说旧闻钞》《唐宋传奇集》等古代文史典籍,为继承和传播文化遗产作出重要的贡献。他希冀推动文艺的新生,创办《新生》,支持《浙江潮》;作为五四新文化运动的重要参与者,主张以革命的思想来办刊,并成为《新青年》的骨干编辑,连续发表50余篇作品;小说《狂人日记》在《新青年》上的发表,拉开了中国新文学的序幕。他传播国外先进文学,编译《域外小说集》《爱罗先生童话集》等作品,开阔了中国作家的视野,对培育新文学也起到了促

进作用。他注重编辑的专业化,培植新文学幼苗。用他的话讲,就是"做无名的泥土,来栽植奇花异木",如在编辑《乌合丛书》时,入选作品的作者大多是青年人。

2. 郁达夫:致力于大众文艺、为抗日救亡鼓呼的革命作家和编辑家。

郁达夫,富阳人。与其在现代文学史上的显赫地位相比,郁达夫的编辑贡献并没有引起学界足够的关注,事实上,在20世纪三四十年代的那段民族苦难的岁月里,他在南洋全身心地投入到了抗日救亡的新闻编辑事业中,直到生命的最后一刻。"这一时期,郁达夫共在各报刊发表了社论、政论、随笔、文艺评论及书信等在内的文章共462篇,其中政论时评就有104篇。"[8]

他以极大的热情创办《创造季刊》,这是继《小说月报》之后中国第二个也是最有影响的纯文学杂志,彰显新文学杂志的批判、创造、艺术精神;主编《民众》《大众文艺》,倡导"农民文艺"和"文艺是大众"的编辑思想;撰写《编辑者言》,丰富现代报刊编辑学理论,并培养了不少当地的文学青年。为动员更多的侨胞支持抗日,占领南洋新闻舆论阵地,他除了担任《星洲日报》的主笔,还将该报文艺副刊办成南洋文化界最出色的抗战副刊,最后在远离故土的新加坡,将生命献给了祖国的抗日救国新闻事业。

3. 茅盾:文拓笔耕、成绩卓著的小说家和编辑家。

茅盾,桐乡人。他在中国现代文学史上的地位堪比鲁迅,活跃文坛60余年,代表作《子夜》具有广泛的国际影响。茅盾同时也是一位卓越的编辑家,是现代编辑史上一位出色的开拓者。他一生中几乎占三分之一的时间是在从事编辑工作,先后编辑过10余种刊物,并高举革新旗帜,推动革命文学的发展。

十年商务印书馆编辑生涯,茅盾起到了思想文化的启蒙作用。编辑出版的《学生杂志》,思想活跃,唤起了青年学生的关心议论时政的热情;革新《小说月报》,反对封建文学、资产阶级游戏文学,提倡新文学。推进《申报·自由谈》改革,迎来杂文全盛时期。颠沛流离辗转抗战大后方,他主编《呐喊》周刊、《文艺阵地》等,笔耕不辍,成为抗战中的文化战士。

4. 徐志摩：毕生追求新诗格律化的诗人和编辑家。

徐志摩，海宁人。现代著名诗人，新月派代表人物，其代表作《再别康桥》脍炙人口，为世人所传诵。在其短暂的一生中，除了创作诗歌，他还主编过《晨报副刊》《新月》《诗刊》等刊物，为推动新诗格律化运动作出了积极的贡献。

他主编《晨报副刊》时，开设《诗镌》专栏，把创造新诗的格律作为刊物编辑的主要任务。开设《剧刊》专栏，推动国内戏剧创作。担纲《新月》《诗刊》总编辑，探讨新诗艺术。他与人合编的《新文艺丛书》收集了左翼作家作品，体现平和热情的编辑个性。

5. 郑振铎："最好的杂志编辑者"和"多面手"。

郑振铎，出生于温州。他是不可多得的百科全书式的学者，在诗歌、戏曲、散文、美术、考古、历史等领域都有建树，在编辑事业上也是卓有成效。"现代作家的成名有三级跳，第一级跳就是在报纸的副刊上发表豆腐干大小的文字，……第三级跳就跳到郑振铎、巴金主编的文学丛书上，有的逐渐成为名作家了。"[9] 可见其起到现代作家成长的"孵化器"作用。

他是商务印书馆的中流砥柱，创办了我国最早的儿童文学刊物《儿童世界》，后接替茅盾主编《小说月报》，革新编辑方法和编辑技巧。编辑《文学研究会丛书》《世界文库》等，丰富和充实了中国现代文学史。他处世圆通、爱友如命，为此吸引大批知名新文学作家。

(二) 经营家型编辑家群

毋庸讳言，如果没有商务印书馆、中华书局等一批出版社，中国的文化史将会被改写。而这批出版社在民国跌宕起伏的时局中能将文化和商业结合得如此完美，与一批浙江籍出版家的出色经营息息相关。

1. 张元济：中国新式出版业"开辟草莱"者。

张元济，海盐人。他敢为时代先，完成商务印书馆从印刷工厂到出版巨子的蜕变；以"扶助教育为己任"作为编辑宗旨，新编教科书；影印出版《四部丛刊》等，开创古籍丛书翻刻影印新历史；文化意识与市场意识兼顾，体现义利兼顾的编辑原则。

2. 陆费逵：现代出版业的经营奇才。

陆费逵，桐乡人。他创办中国第一个教育专业杂志《教育杂志》，宣传教育救国思想；中华书局的影印业务居全国之首，印刷设计号称"远东第一"；编辑出版《中华大字典》《辞海》，以传播中华文化为己任；审时度势，《中华教科书》与辛亥革命精神契合。

3. 沈知方：精明投机的出版怪才。

沈知方，绍兴人。他创办了世界书局，凭精明获得"第一桶金"；进军教科书市场，因灵活的营销手段做得风生水起；求贤若渴，善用商业手段吸引名家。

4. 章锡琛：倡导"开明风"的出版家。

章锡琛，绍兴人。他经营开明书店，从弄堂书店跻身全国六大书店之一；实行编校合一制度，既提高责任心，又加快出版速度；关注印刷纸张质量，重视销售服务；德才兼备，具备有功不受禄的高尚出版情怀。

5. 张静庐：独辟蹊径走专营化路线的出版家。

张静庐，镇海人。他入职泰东书店时，展露出版经营才能；开办光华书局和现代书局，名声大震；创办上海杂志公司，开我国杂志专营之先河；重视读者意识，倡导"全民阅读"。

(三)翻译家型编辑家群

清末民初浙江留学热潮的兴起，使得浙江籍文化人中从事编译工作也不在少数。鲁迅、郁达夫、徐志摩、茅盾等其实也是出色的西方文化编译者，在此不复赘述。

1. 王国维：推动中国学术文化进步的西学译介编辑家。

王国维，海宁人。中国近代史上著名学者，学贯中西。他是第一位引进西方哲学的翻译家和创作家，在上海任《教育世界》杂志编辑时，翻译和出版了多部（篇）日文和英文著作，为引荐西方学术作出很大的贡献。

2. 朱生豪：呕心沥血翻译莎剧的第一人。

朱生豪，嘉兴人。大学毕业后曾留校担任《之江校刊》英文部主任编辑，赴上海后，先是在世界书局任英文编辑，后又任《中美日报》编辑。在极端困难的条件下系统地翻译《莎士比亚戏剧全集》，病逝时年仅32岁。

3. 冯雪峰：马克思主义文艺理论编译者。

冯雪峰，义乌人。在鲁迅指导下，主编了当时出书最多、影响最大的《科学的艺术论丛书》，编辑出版大量刊登马克思主义文艺论著的《萌芽》月刊。同时，他还翻译了10多部马克思主义文艺论著。

4. 陈望道：翻译并出版《共产党宣言》首个中文全译本。

陈望道，义乌人。赴日本留学期间，结识了日本的进步学者，并阅读了他们译介的马克思主义著作。回国后应上海《星期评论》杂志约稿，首次将《共产党宣言》在《星期评论》上连载，后出版中文全译本。在鲁迅的支持下，创办《太白》半月刊。另外还主编《每日译报》和《语文周刊》等。

（四）教育家型编辑家群

新出版与新教育是中国近代化运动中的一对共同体，两者互为促进，共生共荣。一批肩负教育使命的浙江籍编辑家横跨两大领域，为中国教育发展作出重要贡献。

1. 蔡元培：追求教育救国、学术立国的编辑家。

蔡元培，绍兴人。他在商务印书馆期间认识到"国民教育"的重要性，协同张元济推出出版中小学教科书行动。在教育总长任上，常采纳陆费逵等编辑家的著文献策，如"缩短学制，减少课时，小学男女同校，废读经科等"。[10]

2. 蒋梦麟：推动中国高等教育近代化的编辑家。

蒋梦麟，余姚人，曾在商务印书馆担任《新教育》杂志主编、《教育杂志》编辑，后又担任北京大学校长，被认为是"在民国教育史上的地位仅次于蔡元培的教育家。

3. 章太炎：开创新闻教育理念的职业报人。

章太炎，余杭人，在日本时主编同盟会机关报《民报》，与改良派开展论战。回国后，主编《大共和日报》，鼓吹革命。他崇尚教育启蒙，是首创新闻教育的编辑家。

4. 张寿镛：胸怀家国，致力于乡邦文献编刻与保护的大学校长。

张寿镛，鄞县人，光华大学创办者，不遗余力搜集宁波地方文献刻为《四明丛书》10集，收浙江鄞县古今先贤人物著作总集205种，为弘扬浙东文化、推进浙东学术文化发展作出了卓越的贡献。

四、民国浙籍编辑家群体的文化精神

研究民国时期浙江籍编辑家群体，不仅仅搜罗他们参与编辑出版事业的过程和史实，更重要的在于总结在那个充满离乱的特殊时代，这些文化人身上折射出的精神内涵的共性，给予我们当代出版人以启示。

（一）敢为天下先的文化创新精神

浙江人敢为天下先。作为民国出版业三巨头的商务印书馆、中华书局和世界书局，他们在鼎盛时期的掌舵者分别是张元济、陆费逵和沈知方，而他们都是浙江籍的编辑家。尤其是张元济，一位历经政治风云、学兼中西的清末翰林，以敢为天下先的创新精神，与他的合作者一起，将商务印书馆打造成中国出版业的巨擘。他是当之无愧的中国近代最为著名的编辑出版家、中国现代出版业的先驱。截止1919年，商务印书馆就已经创造了出版的23个"第一"，后来更是成为影响几代人的文化载体。陆费逵在中华书局30年，正是政治局势动荡不安时期，历经磨难最终化险为夷，成为当时的第二大民营出版企业，其文化胆魄可见一斑。

(二)出版救国的文化情怀

在民族危机感日益加深的民国时代,浙江籍编辑家们"以出版救国,成为中国人自办出版业的一个重要的促因。这样一种时代的责任感,上接中国知识分子'以天下为己任''天下兴亡匹夫有责'的传统,又开辟了'出版救国'的新传统"。[11]一方面,通过出版西方科学文化书籍,传播新思想、开启民智,希冀民族文化自强;另一方面,通过出版参与国家政治生活,尤其是在抗日救亡活动中,他们身体力行,彰显了浙籍文化人的爱国自觉和社会良知。

(三)文化本位的出版经营理念

出版固然要重视成本核算,但是在秉持文化理想的浙籍编辑大家眼里,他们不仅仅要持筹握算,而且还要有文化本位的经营理念。诚如鲁迅在《〈译文〉复刊词》中写道:"出版家虽然大抵是'传播文化'的,而'折本'却是'传播文化'的致命伤。"但是每当"义""利"冲突时,他总是选择前者。鲁迅如此,张元济之于商务印书馆,陆费逵之于中华书局,张静庐之于现代书局,等等,他们都如此。那种将文化价值和商业利益结合在一起的"大利",无疑值得后辈出版人学习并传承。

(四)唯才是用的编辑人才观

"昌明教育平生愿,故向书林努力来;此是良田好耕植,有秋收获仗群才。"张元济先生的诗句生动地描绘了商务印书馆群英荟萃、群贤毕至的盛况。近代浙江籍编辑家们之所以能够将事业做大,将出版同人锻造成文学巨匠和科学家,与他们兼容并包、唯才是用的编辑人才观息息相关。他们个性迥异,有些甚至还有点孤傲,但是在惜才、储才、用才、育才上有惊人的相似之处,都是爱才怜才、知才善用,既成全了出版同人的理想追求,又取得了出版事业的辉煌成就。

参考文献

[1] 黄健. "两浙"作家与新文学 [M]. 杭州：浙江大学出版社, 2008：3.

[2] 梁启超. 中国近三百年学术史 [M] // 梁启超论清学史二种. 上海：复旦大学出版社, 1987：123.

[3] 黄健. 略论两者文化对中国新文学生成的影响 [J]. 杭州师范学院学报：社会科学版, 2005（4）：68-73.

[4] 汪林茂. 浙江通史·清代卷：第10卷 [M]. 杭州：浙江人民出版社, 2005：253-261.

[5] 夏慧夷. 近代浙江出版家群体研究 [M]. 杭州：浙江大学出版社, 2014.

[6] 张静庐. 在出版界二十年 [M]. 上海：上海书店1984年影印本, 1984：147.

[7] 阿城. 常识与通识 [M]. 北京：作家出版社, 1999：132.

[8] 刘鹤. 郁达夫编辑思想探究 [J]. 新闻实践, 2011（5）：75-76.

[9] 向敏. 试论郑振铎编辑事业成功之原因 [J]. 出版科学, 2014（5）：103-106.

[10] 陆费铭绣. 我国近代教育和出版业的开拓者：回忆我的父亲陆费伯鸿 [J]. 编辑学刊, 1993（1）：79-83.

[11] 王建辉. 出版与近代文明 [M]. 开封：河南大学出版社, 2006：15.

（成稿于2018年8月）